Éditions du Moment
15, rue Condorcet
75009 Paris
www.editionsdumoment.com

ISBN : 978-2-35417-372-2

Gad Elmaleh, la vie pas normale

DU MÊME AUTEUR

Formidable Stromae, Éditions du moment, 2014.
Le vent pleure Marie, Fayard, 2012.
Blues pour Jimi Hendrix, Castor Astral, 2010.
La Légende du Baron Rouge, Fayard, 2009 – Prix Guynemer.
Michael Jackson, la chute de l'ange, L'Archipel, 2009.
James Brown, Gallimard, 2007.
Juré, Flammarion, 2005 – Prix littéraire Comte de Monte-Cristo, 2006.
Contes des années folles, Le Seuil, 2004.
Bob Dylan, Épitaphes 11, Flammarion, mai 2004 – Prix Crossroad « Meilleur livre musical ».
Contes du Mississippi, Le Seuil, 2002.
Brian Jones, Castor Astral, 1998.

Stéphane Kœchlin

Gad Elmaleh, la vie pas normale

ÉDITIONS DU MOMENT

Merci à Chantal K. pour sa relecture.

Mais que m'importent les napoléons et leur joie,
si je n'ai point celle de créer, d'agir et d'être admiré ?
Moi, ce qu'il me faut, c'est une existence mouvementée,
avec discussions et stratagèmes !
Enfin, un peu de vie avant beaucoup de mort !

Albert Cohen, *Belle du Seigneur*, 1968.

1

LES FEUX DE CASABLANCA

Le 19 avril 1971, la famille Elmaleh a la joie d'accueillir son deuxième enfant. Gad signifie « chance » en hébreu, et « salé » en arabe. Autour, s'étend la blanche Casablanca, ce Maroc du soleil bordé par l'intense mer bleue, à l'ombre du légendaire et imaginaire Rick's Café, où Humphrey Bogart se tient pour toujours dans son complet blanc, guettant la femme aimée[1]. Plus tard, le garçon songera souvent au film, et à la ville où flottaient tant de rêves.

La médina respire non loin, avec son bruissement éternel, ses cris, klaxons, senteurs, couleurs… Les enfants de la ville s'arrêtaient devant la vitrine du magasin de jouets que David Elmaleh tentait de gérer. Cet homme à la faconde précise et chaleureuse avait été vendeur de sanitaires, agent immobilier, et comptait bien faire fructifier sa petite caverne d'Ali Baba qui lui laissait du temps pour ses loisirs. Il avait monté une troupe amateur au Cercle amical français de Casablanca, petit refuge où Français et Marocains se mêlaient, au fond d'un joli parc. On y venait pour une partie de tarot, de scrabble, ou des exercices physiques. Des sportifs pratiquaient la natation, se mesuraient aux boules, ou tiraient à l'arc. Mais c'est le théâtre qui réunissait les familles, le soir, là où Molière revivait, sur les lèvres d'expatriés, devant des enfants ravis. Parmi les invités, un homme débarquait avec sa petite valise à malice.

1. Dans *Casablanca* de Michael Curtiz (1942), avec Humphrey Bogart et Ingrid Bergman.

David Elmaleh se préparait, sortait ses costumes, les enfilait avec soin, sans dire un mot. Le mime attirait le public. Parfois, il apparaissait accompagné d'un gosse qui captait l'attention et séduisait l'audience. Gad avait abandonné sa sœur Judith de deux ans son aînée, joyeux à l'idée de suivre son père sur ses routes mystérieuses du spectacle. Il s'enroulait à l'intérieur des rideaux jusqu'à s'y dissimuler entièrement. Sans très bien savoir ce que son père racontait en silence, il observait ses gestes, sa manière de bouger son corps, d'occuper l'espace, de jouer avec le public. À la maison, il assistait aux répétitions hiératiques du clown, fasciné de le voir se grimer, faisant disparaître son visage sous un blanc maquillage, obéissant à un rituel que le garçon n'aurait jamais souhaité manquer.

David avait remarqué l'attention que son fils prêtait à ces cérémonies, et décida de l'intégrer à ses sketches, espérant le convertir au plaisir de la scène, du jeu, peut-être aussi parce qu'il avait senti l'intérêt du public pour le gamin. Ce souvenir merveilleux ne le quitterait plus. Comme dans les films muets, Gad tendait des pancartes pour annoncer les récits de son père, sous le regard de sa mère, Régine, juive et d'une famille aisée marocaine, qui se tenait toujours en retrait. Le gosse se concentrait : « Faut que j'assure ! » Il surnommait son père « M. Bouglione », en référence à ce magicien de cirque dont il avait vu les chapiteaux naviguer un peu partout comme dans un rêve. Il répétait, se concentrait, à la grande satisfaction du patron.

David aurait aimé tout lâcher pour la scène, mais ne s'y résoudra jamais : il avait sa famille à nourrir – un autre garçon, Arié, avait vu le jour en 1975 – et la culture du travail. Il ne résistera pas longtemps, et son rêve de carrière glorieuse s'évanouira dans la grisaille du quotidien. Les cassettes de son idole, le fantaisiste français Pierre Dac, le Sâr Rabindranath Duva, le faux divinateur, avec Francis Blanche qui faisait rire la France des années 1950, rejoindront le placard de ses souvenirs.

Régine et David devaient gagner leur vie tout simplement. Ils vendirent des pizzas, des vêtements, gérèrent le magasin de jouets. Mais l'ancien mime n'oubliait pas le spectacle, frustré, ne se doutant pas qu'il avait légué en héritage à Gad ce désir de la scène comme un don ou un poison.

Ce fils vivra une enfance agitée, fainéante, malgré la volonté de David d'assurer de bonnes études à ses enfants. Comment calmer un gosse qui, dès son plus jeune âge, a découvert Charlie Chaplin et adore son chef-d'œuvre *Le Kid*, rêvant d'être à la place du gamin (Jackie Coogan), lancé dans des courses folles pour échapper au policeman ?

La liste des écoles qu'il traversera comme une étoile filante témoigne de son instabilité.

Il intégra l'établissement Georges Bizet. « Sûrement un héros marocain », imaginait-il, tout à ses rêves et décalages. Il n'y accomplit pas de hauts faits scolaires. Il se perdait dans quelque contrée lointaine. Il revenait sur terre et s'échappait à nouveau. David et Régine s'efforçaient de donner une bonne place à leurs bambins dans la société, quitte à les faire participer à la moindre fête de l'école comme cette kermesse de fin d'année. Ce jour-là, aidé de son père, Gad se déguisa en cowboy avec le gilet, les colts, tout l'attirail. Sa sœur, Judith, revêtit un costume de fée. Ils mirent du temps à se préparer, et arrivèrent en retard. David les avait laissés à l'entrée de l'établissement. Les couloirs étaient déserts. Ni lampions ni musique n'enchantaient les lieux. Les élèves étaient en cours. Gad se dirigea vers sa classe. Sans doute, ses camarades goûtaient, jouaient, vêtus de leur panoplie de héros, de Superman… Il poussa la porte du pied, entra avec fracas, comme un vrai cowboy dans un saloon, et découvrit les élèves, sagement assis, dans leur tenue de tous les jours. En voyant leur camarade, déguisé, le visage rouge, le pistolet à la main, ils éclatèrent de rire. Ce rire poursuivrait Gad des années, humiliant.

Il essaierait de le réparer toute sa vie, rejouant de manière intentionnelle sa première cascade ratée, redonnant de « la dignité à ce gosse moqué », avouera-t-il. Ses parents s'étaient trompés de jour.

La kermesse ratée fut sa première prestation publique, involontaire. Il aurait pu rentrer discrètement, deviner pourquoi l'école était vide, au lieu de donner tout de suite un coup de pied dans la porte. Le comique habitait donc en lui, comme un monstre dévorant, gênant. Et ses parents avaient remarqué ses dispositions. Lors des dîners, Gad imitait leurs voisins à Casablanca, et la famille, tordue de rire, en redemandait. « *On l'implorait : s'il te plaît, fais-nous la voix du monsieur du deuxième ! Et celle du troisième*[1] *!* » se rappellera David.

Mais ce plaisir ne durait pas, l'inquiétude revenait, insidieuse, affolante. En classe, absent, Gad regardait par la fenêtre, s'ennuyait, remarquait les filles sans oser les aborder, saisi d'une timidité qui le paralysait. Alors, afin de communiquer, il montait sur l'estrade, amusait la galerie, enchaînant les bêtises. Les regards se tournaient vers lui. Parfois, il dansait le smurf, tournait sur le sol à toute allure, abattait ainsi le mur de glace dressé entre les autres et lui. L'humour servait de lien social. Il chantait aussi, et jouait du piano en classe de musique.

Un jour, il vola des bulletins scolaires dans le bureau, et les remplit avec de superbes appréciations, fier de sa ruse. Mais une élève le vit et le dénonça. Il sera renvoyé, fréquentera ensuite beaucoup d'établissements, du lycée Lyautey à l'école privée Ozar-Hatorah, désespérant ses parents qui ne savent plus quoi faire de lui. Il se rappellera juste la maîtresse blonde venue de France, comme un rêve à portée de main, une romance. Il prenait tant de plaisir à l'école, dira-t-il plus tard, qu'il redoublait chaque classe : « J'ai fait plusieurs quatrièmes, plusieurs cinquièmes,

1. *Première*, novembre 2005.

plusieurs sixièmes… » Des moments de bonheur arrivaient aussi, comme ces journées au complexe sportif Mohamed V, où avec sa classe il pratiquait l'athlétisme, s'amusait dans la piscine, loin de se douter qu'il reviendrait dans ces murs vingt ans plus tard, suivi par les caméras du monde entier.

La jeunesse de Gad ne fut donc pas studieuse. Plutôt encombrant dans ses demandes, sa nervosité, ses envies, il occupait ses journées comme tous les enfants de la terre : au désœuvrement et aux bêtises. La vie, heureuse et modeste, lui semblait bien trop calme. Un jour, alors que son père repeignait la façade de la maison, Gad réclama un panier de basket, mais son père refusa par manque de moyens. Alors, il prit ses feutres noirs et dessina le panier sur le mur blanc. Puis, il saisit son ballon et l'envoya dans le cercle plusieurs fois, faisant de grosses marques. Alerté par les bruits, David sortit, se précipita vers Gad et le gifla.

Ce qu'il aimait, c'était aller à la plage avec ses amis, allumer des feux de camp, se disputer l'amitié et l'amour des filles. Ils avaient trouvé une expression bien à eux pour « faire la fête » : « le pop-corn ». Ils avaient l'impression d'être ces petites friandises qui s'éclatent et sautent en l'air.

Gad adorait la région, Tanger, Fès, Marrakech, mais aucune ne valait « sa Casa », l'électrisante, le creuset de toutes ses influences, de ses amitiés éternelles, la naissance de son rire.

Les vannes qu'ils échangeaient avec ses compagnons de virées tenaient lieu de conversations. Ils n'avaient pas envie de travailler, de se lever, et ils contemplaient l'océan en imaginant des voyages et la fortune. « *On n'était pas très productifs*, dira-t-il aux *Inrockuptibles*. *Du point de vue de la société, on n'apportait rien*[1]… » Il ne lâchera jamais ses amis d'enfance. Lors de ces journées de loisir et soirées, il se mettait au cœur du cercle, bien

1. 30 janvier 2001.

décidé à capter l'attention, à attirer la lumière. Dans cette joute de vannes, il se devait de dominer le groupe. Il aimait bien raconter des histoires, mais essuyait aussi des remontrances. «*Arrête de faire ton intéressant!*» entendait-il, détestant ces réflexions. N'était-il donc pas intéressant, différent? Il avait l'orgueil d'y croire.

Sur les bancs de l'école, il replongeait dans l'anonymat, le doute, la médiocrité, indifférent aux devoirs, se détournant de la lecture. Les livres ne l'intéressaient pas. Les professeurs le jugeaient idiot et le lui faisaient sentir. Les mêmes, dirait-il plus tard avec un brin d'amertume, le féliciteraient pour son succès. Dans sa belle jeunesse, il se pensait ainsi dépourvu d'une quelconque valeur, condamné aux redoublements et aux mauvaises appréciations.

2

LE RÊVE D'UNE GRANDE VIE

Il aimait la rue, et vivait à ciel ouvert. Il y parlait l'arabe, mais retrouvait le français à la maison, étrange dichotomie de ces deux mondes qui se fracassaient. Il baignait aussi dans l'hébreu des chansons de Shlomo Bar, prince de la darbouka, né à Rabat et émigré en Israël. Tiraillé de tous côtés, Gad plongeait dans ce qu'il appellerait son « désordre linguistique ». L'arabe resurgissait pour exprimer de vives émotions, la colère ou l'amour passionnel. David s'en prenait à lui, et la tempête balayait tout, sans qu'il en comprît les raisons.

Ses relations compliquées avec son père ne détruiront jamais son attachement au foyer familial, où les joyeux souvenirs survivront à toutes les inquiétudes. Le domicile bruissait de conversations, de rires, de joie. Il se souvient de son grand-père Yehuda, un jongleur de mots, un maître de la parodie et de l'humour, qui montait sur scène, dans les cafés. Gad comprenait alors d'où venait le goût de David pour le spectacle. Quand il jaillissait, la maison revêtait ses habits de fête. Yehuda se posait au milieu de la pièce, et créait ses personnages. Il s'amusait à faire plaisir, et ses récits divertissaient la famille. Ces après-midi gardent dans la mémoire du petit-fils toute leur fraîcheur. Gad regrette souvent que Yehuda n'ait jamais pu assister à ses succès sur scène.

Bien des amis fréquentaient la demeure toujours bondée et vibrante. Les invités n'ignoraient rien de l'épreuve qui les attendait : répondre à l'enfant turbulent, spirituel et moqueur. Gad ne pouvait s'empêcher d'intervenir, d'interrompre les conversations, de balancer des saillies. Il avait besoin d'être écouté, regardé, puis retournait dans sa chambre, entouré de ses rêves. Combien de belles journées aura-t-il passées, allongé sur son lit à entendre la musique de son père, *Les Nocturnes* de Chopin. Le piano coulait des murs avec beaucoup de douceur, accompagnait ses méditations, les œuvres chères à ses parents, imprégnait son imaginaire.

Il écoutait aussi à cette époque de la musique marocaine. Un chanteur Abdelghafour Mouhsine dit « Vigon » plaisait à toute une jeunesse éprise de réussite. Gad et ses amis ne manquaient aucun de ses concerts à Casablanca. Ils croisaient le long de la plage ce très admiré chanteur.

Originaire de Rabat, né en 1945, ce fils d'un marchand de légumes tournait depuis les années 1960, s'adonnant à un vibrant rhythm and blues hérité du modèle américain. Il portait les bonnes paroles des grandes voix, Sam & Dave, Aretha Franklin, Otis Redding. Sa beauté, son énergie lui avaient valu le surnom de « petit ange noir ». Si Gad adorait sa voix, sa sensualité musicale, il y décelait aussi un modèle de vie à suivre. Vigon avait abandonné l'école à quinze ans pour travailler avec son père, mener une vie difficile, avant de sillonner les nuits marocaines, les cafés, les bars. Il s'était fait un nom sur la scène locale, et avait trouvé des engagements dans les nombreuses bases américaines situées au Maroc. Et en 1964, il prit l'avion pour la France, atterrit à Orly, sans bien savoir ce qui l'y attendait. Son style ne mit pas longtemps à séduire le pays. Il se produisit au Golf Drouot, puis à l'Olympia, en première partie des Rolling Stones et d'Otis Redding, croisa la fleur de la musique de son temps, des Moody Blues aux Yardbirds. Aussi loin que les souvenirs portent, le nom de Vigon (aujourd'hui voix des Soul Men) aura hanté le jeune Gad qui songeait alors à devenir musicien. La petite guitare que ses parents lui offrirent changera de forme, grandira, mais figurera en permanence dans le paysage de l'artiste.

Il mit sur pied un groupe appelé les « Vigonettes ». Nous ne savons pas très bien ce qu'il jouait. Sans doute, mêlant langues arabe, française et anglaise, reprenait-il des tubes que son idole lui avait fait connaître. Il appellera aussi sa bande d'amis « les Vigons », en souvenir de cette première ouverture vers le monde.

Abdelghafour Mouhsine « Vigon » n'était pas l'étoile unique d'une jeunesse éprise d'aventures, mais peut-être la plus proche. Les radios diffusaient beaucoup de musique américaine. À onze ans, comme les enfants du monde entier, Gad découvrit Michael Jackson avec son album *Thriller*, riche de ses chansons dansantes – *Billy Jean*, *Beat It*. Les images de cet agitateur noir au costume rouge le fascinaient. Il l'imitait, gesticulait, hurlait, seul face au jardin, ou dans les rues de son quartier ; il placarda même un poster du « King of Pop » dans sa chambre. Je serai musicien ! Pour la première fois, il formulait une perspective, se voyait un avenir. Il nourrissait un désir de scène, sans définir exactement quelle forme prendrait son activité future. Il s'imaginait signant des autographes. À chaque fête, chaque kermesse, désireux aussi de fuir sa timidité, dans des coins de préaux, il touchait ici une guitare, là un piano, et faisait illusion. Ses rêves l'emmenaient loin, si loin, que son père partait souvent à sa recherche, et le ramenait à la maison. Le petit avait vu une lumière. Elle brillait à l'horizon. Il voulait la toucher, tendait la main, mais elle se dérobait. Ce rêve hantait ses nuits, l'obsédait. Saisir cette lueur, la posséder… La lueur lui donna une avance sur ses amis. Les innocents jeux de plage commençaient à ressembler à des séances de travail, où Gad, au centre de sa bande, jouait au metteur en scène, distribuait les rôles, écrivait des saynètes, et tout le monde suivait, comme hypnotisé par ses idées et sa détermination. Pourtant, il fallait à un moment regagner la maison familiale, retourner à l'école, quitter cette tribune du bord de mer qu'il contemplait en se représentant le paradis de l'autre côté, l'Amérique, et vivre comme les gosses de son âge. Son pays solaire le magnétisait, plein de poésie mais aussi d'impossibilités, une terre à laquelle s'arracher un jour.

Le garçon consumerait ainsi sa prime jeunesse, montrant un tempérament tourmenté, agité. Ses résultats scolaires médiocres inquiétaient ses parents. Les professeurs ne témoignaient aucun intérêt pour lui. Plongé dans l'anonymat des classes, il aurait aimé se détacher de la moyenne. Les parfums de fleurs, le vent tiède, et le remue-ménage des marchands qui installaient leurs étals le berçaient, l'entraînant loin du fastidieux cours de mathématiques. Un jour, avec son compas, il grava sur la table : « La vie est sur scène ! »

Il levait la tête et suivait des yeux les avions de ligne qui passaient au-dessus de Casablanca. Il rêvait de partir, en France ou ailleurs, comme tant d'autres jeunes disparus du paysage marocain pour tenter l'aventure. Son oncle Albert s'était ménagé une belle place à Paris où il avait fondé une radio. Mais l'ancienne puissance coloniale ne délivrait pas si facilement de visas. L'Amérique, celle que Vigon vénérait, lui paraissait inaccessible. Le Canada ressemblait à une Amérique à portée de main, « l'Amérique en VF », destination idéale où beaucoup de Marocains s'installaient pour ne jamais revenir. David ne s'y opposait pas. Il ne disait rien, ce qui pouvait être interprété comme un assentiment. Il devait se dire qu'en basculant dans le grand bain et la solitude, son fils renforcerait sa personnalité et trouverait la paix.

Gad se calma cependant, en intégrant le lycée privé hébraïque, Ozar Hatorah. Ses notes se redressaient. Il paraissait s'adapter à la discipline, mais David ne se faisait aucune illusion. Son fils décrocha quand même le baccalauréat, à dix-sept ans. Le diplôme n'éteignit pourtant pas les braises qui couvaient en lui. Rien ne pouvait le détourner de son projet d'aller au Canada, où il souhaitait poursuivre des études, espérant fournir un prétexte officiel et honorable à ses rêves. Ses parents comprirent son désir et ne le retinrent pas.

Gad ne savait pas très bien ce qu'il ferait là-bas. L'université de Montréal représentait un but. Il n'y resterait peut-être pas, improviserait sa nouvelle existence. Ouvrir la porte du grand rêve l'excitait, comme dans le beau roman de Richard Ford, *Canada,* qui évoque la fuite d'un jeune garçon dans le vaste pays du nord après l'arrestation de ses parents. La plus inquiète fut bien sûr sa mère Régine. Elle brûla une veilleuse. Cette petite lueur l'accompagnerait partout et le protégerait. Des bougies, elle en brûlerait beaucoup…

3

SEUL AU CANADA

Un jour de l'année 1988, à l'aéroport de Casablanca, par un temps lumineux, un adolescent au corps fin, le visage palot, attendait d'embarquer. Sa mère patientait à côté de lui, le visage plein de larmes. Gad ne savait pas quoi dire. Son cœur, dira-t-il, «*jouait la Cinquième de Mahler*[1] ». Il fixait l'avion, avec angoisse.

La terre s'était brusquement élargie. Le décollage lui inspira des sentiments de joie et de regret. Il dépeindra la vision de son petit jardin, en bas, de sa minuscule maison, une certaine confusion d'âme. «*Je ne sais pas pourquoi je suis parti.* » Sans en être conscient, il écrivait son premier spectacle, *Décalages*, son autofiction, l'émerveillement devant des situations banales, mêlant poésie, humour et sens du récit. Il s'inscrivit à l'université de Montréal, en sciences politiques certain que le niveau là-bas, moins brillant qu'en Europe, lui conviendrait. Ses parents l'avaient laissé partir à cette condition. L'espoir, le doute pesaient sur son estomac.

Quand, à l'autre bout de l'océan, le rideau du grand théâtre s'ouvrit, Gad fut frappé de stupeur. Il ressentit un véritable éblouissement à la vue des avenues immenses, du ciel insondable, d'un bleu magnifique, des femmes dans la rue. Il se jeta sur la neige, à la recherche d'une saveur nouvelle, il la goûta. Les garçons qu'il croisait, grands, athlétiques, arrivaient, les patins à l'épaule,

1. Inrockuptibles, 30 janvier 2001.

avec leurs petites amies, et tournaient à vive allure sur l'immaculée surface de glace. *Devrais-je m'y mettre ?* Une idée de gag venait de germer, naturellement… Gad s'essaya sans grand succès à ce sport, avec beaucoup de maladresse, au seuil d'un monde étrange pour lui, dont les codes semblaient sibyllins.

L'émerveillement s'estompa. Le vertige de l'infini chassa le premier plaisir. Il devait survivre, sans connaître personne, loin de son univers, chaleureux et familier. Il emménagea dans un minuscule studio, boulevard Édouard-Montpetit, à mi-chemin des jardins de l'université et de résidences soignées, où il vécut des moments d'angoisse et de solitude. La chaude atmosphère des rues de « Casa », les cris des marchands lui manquaient. Il avait froid, regardait la neige tomber, soupirait en écoutant le silence. Il n'avait toujours aucune idée de la direction qu'il allait prendre. Le droit le tentait, mais il subit son premier échec d'expatrié, un échec presque attendu. Il fut recalé à l'examen d'admission. Il ne serait pas avocat, ne s'installerait pas dans une vie opulente, avec quatre enfants et une épouse docile. Il ne serait pas « Me Elmaleh chargé des divorces », comme il le dirait plus tard, presque soulagé.

Il se dirigea alors vers les sciences politiques, sorte de lot de consolation pour élèves médiocres (au Canada, ce cursus ne possède pas le prestige de notre Sciences Po). Il y accéda, sans trop de difficultés, soutenu par la confiance de ses parents restés au pays, si loin, mais qui l'encourageaient.

Afin de payer son loyer et se nourrir, Gad se mit en quête d'un travail. Il ne doutait pas d'y parvenir, dans cette métropole jeune et vivifiante, prêt à assumer de longues journées, entre les bancs de la faculté et les petits boulots. Le Canada lui apparaissait comme le monde des possibles. Il obtint un emploi au café étudiant de l'université, où il servait les belles élèves québécoises. Sans doute entamait-il à cette époque sa carrière de Don Juan, de séducteur amoureux de la séduction. Il ferra ses premières amours dans le bouillonnement de la faculté, profitant de son peu de temps libre. Mais son activité à la cafétéria ne lui suffisait pas. Il se promenait souvent du côté de la rue Laurier, artère remplie de commerces, de vie, de bruits. Il visitait les magasins et les restaurants, à la recherche d'un autre job. Après quelques refus, il réussit à se faire embaucher, comme serveur dans un café. Il déambulait, le plateau à la main, ou, debout, préparait, pendant des heures, des sandwichs au jambon – cent vingt par jour – qui l'écœuraient. Le week-end, il ne savourait pas davantage les grasses matinées, car il avait décroché un autre emploi encore dans un hôpital, rien de faramineux. Il faisait le ménage. Dormant peu, il s'épuisait, mais tentait de surmonter la fatigue, le découragement, et d'apprendre l'anglais.

L'ennui aussi le guettait. La comédie de l'étudiant finirait par cesser comme tombent les masques. Les cours le lassaient, même s'il obtenait des notes correctes, qui soulageaient ses parents. Son plaisir était de fréquenter la salle du CEGEP[1] de Saint-Laurent, où les étudiants se réunissaient, buvaient du café, étudiaient, et jouaient des pièces de théâtre. Il avait remarqué une table sur la gauche, qu'occupaient des immigrés, Chinois, Haïtiens, Marocains. « Pourquoi se mettent-ils toujours là ? » pensait-il. Une force irrésistible l'attirait dans ce lieu que fréquentait un public varié : une sorte de forum romain où se tenaient des conversations allant du rire à la philosophie. Gad avait bien envie d'y faire entendre sa voix. Il s'installa bientôt au micro de la petite radio locale, à l'invitation des animateurs qui le voyaient traîner autour de la station. Il était persuadé de s'adresser à la ville entière, alors que seuls quelques étudiants désœuvrés l'écoutaient. Il s'en moquait, fier de pénétrer un

1. Collège d'enseignement général.

domaine – le spectacle – que son enfance avait mythifié. Ses premières incursions sur une tribune devant des dizaines de personnes confirmaient ce qu'il soupçonnait de lui-même : il aimait *ça*, et avait constamment envie d'y revenir. Il amusait les Canadiens, lorsqu'il prenait l'accent québécois, développant son don pour l'imitation, et apprenant de manière un peu sauvage à maîtriser la mécanique du rire.

Quelques portes s'étaient fermées, mais la petite lumière qu'il avait aperçue enfant continuait de briller au loin. Il ne l'avait toujours pas atteinte, si proche et lointaine à la fois.

Gad comprit vite qu'il ne terminerait pas ses études, subissant à nouveau ce vague à l'âme, cette impatience, une fatigue due aux longues heures passées à écouter les professeurs donnant des cours techniques. Il avait cru trouver en la compagnie des enseignants une famille protectrice, il avait déchanté. Pourquoi s'obstiner ? Une force le poussait à fuir le confort. Il avait envie de créer, de bouger, d'être son propre maître.

Il quitta la faculté. Quelle serait la réaction de ses parents ? Il appela David et lui annonça : « Papa, c'est du pipeau. Ce que je veux faire, c'est du théâtre. » Il n'oubliera jamais le silence à l'autre bout du fil, un espace infini venait de s'ouvrir devant lui, avec deux issues possibles : le sacre ou l'abîme. La plongée dans l'anonymat terrible de la grande université l'avait décidé à s'échapper malgré le chemin à parcourir et ses lacunes. La profession qu'il s'était choisie ne se montrait guère clémente envers ses adeptes. Son père aurait pu le mettre en garde contre les désillusions, le chômage, la misère. Il ne dit rien. Avec quels atouts Gad partait-il ? Une sorte d'instinct, d'habileté pour captiver les badauds à l'université, ou les Québécoises du centre-ville ? « La vie est une scène. » Il sentait l'accroche, ce que le public pouvait recevoir, mais s'interrogeait sur la voie à suivre, seul dans une ville étrangère, à l'écart du monde du spectacle. Il lui fallait intégrer une école !

Il pensa aux institutions, un peu partout dans le monde, où ses rêves prendraient forme, l'Actors Studio, à New York, mais il ne parlait pas assez bien l'anglais, et le ticket d'entrée devait être élevé. Il songea alors à la France et au cours Florent, loin d'imaginer qu'un jour une salle de la vénérable institution porterait son nom. Il y ferait son entrée par la petite porte, en simple auditeur libre, venu par le premier avion du Canada, sans un sou en poche (il ne se doutait pas que cette « porte de service » demandait déjà un talent certain). Il informa David : « Écoute, avec tout le respect que je te dois, j'ai pris une décision et sache que je ne vais pas attendre ta réponse ni ton accord. Je me suis inscrit au cours Florent à Paris, j'ai payé les trois premiers mois de cours, je vais y aller et voilà, c'est décidé ! »

Le père ne protesta pas davantage devant ce coup de tête, n'ignorant pas sa responsabilité : il avait lui-même initié cette vocation chez son fils. Gad s'était inscrit comme élève non payant. Ses économies lui permettraient de subsister pendant une année. « *Disons que c'était un heureux concours de circonstances. J'étais très gonflé à l'époque. Par la suite, plus j'ai travaillé, plus j'ai perdu confiance en moi. Il faut percer la carapace, ça apprend l'humilité. J'étais plus à l'aise dans le comique mais je suis entré à fond dans le trip du jeune comédien maudit*[1]. »

Le cours Florent, créé à la fin des années 1960, occupait une place royale dans la formation des comédiens. Combien de noms prestigieux avaient pris leur envol entre ses murs, des acteurs importants du cinéma et du théâtre, Isabelle Adjani, fille d'un garagiste algérien de la porte de Champerret, Francis Huster, André Dussolier. Gad n'avait pas tout à fait en tête leurs grandes interprétations, Agnès de *l'École des femmes* ou *Lorenzaccio*, mais ne visait pas non plus à libérer le tragédien en lui. Son plan de

1. « Flou artistique », Christophe Ayad, *Libération*, 11 septembre 2001.

campagne semblait à la fois plus simple et complexe. Il jouerait peut-être Molière, mais ne s'imaginait pas en toge, dans une œuvre de Corneille ou Racine. Beaucoup rêvaient d'interpréter le théâtre d'Alfred Musset, le si brillant auteur du XIXe siècle qui célébra de fort belle manière les aspirations de la jeunesse.

Sans le savoir, Gad était une sorte de Fantasio résolu à prendre un jour la place du fou de la cour, et à tenter de conquérir l'héritière du trône. Il cheminait, solitaire, investi par un pays, un exil, un corps bien particulier. Il tombait en parachute sur un territoire inconnu, Marocain exilé au Canada, et débarqué un jour, presque en silence, avec un avenir incertain. Il foula le vieux plancher sur lequel Adjani prononça peut-être la fameuse réplique : « *Le petit chat est mort* ». Des idées délirantes traversaient son esprit. Il se voyait vêtu d'un manteau noir, les cheveux en pétard, pas rasé, un livre de Paul Claudel à la main, et impatient d'écumer toutes les pièces underground de la terre.

Il se présenta au concours de classe libre, fondée en 1979 par François Florent, qui se proposait d'associer élèves internes de son établissement et éléments extérieurs.

La cohabitation entre les « gratuits » et les « payants » n'était pas simple. Un « premier tour de qualification » attendait les candidats comme un tournoi. Ils devaient interpréter sous forme de monologue un texte de leur choix, classique ou contemporain, extrait d'une œuvre théâtrale, poétique, littéraire, et produire une expression scénique (danse, geste, chant). Les candidats devaient franchir trois épreuves. Certains bilingues proposaient du Shakespeare en anglais. Un jury, réuni autour de François Florent, évaluait la présence, le charme, la technique.

Ce que Gad présenta reste un secret bien gardé, mais sa prestation dut plaire puisqu'il fut admis parmi la vingtaine de privilégiés entre un millier de candidats, la première grande performance de son existence. C'est en septembre 1992 qu'il fit donc son entrée dans le sanctuaire. Deux années de cours s'ouvraient à lui. Il effectua les démarches pour obtenir une carte de séjour, comme Canadien et non Marocain. Elle lui fut accordée pour un an. Et il chercha aussi du travail.

Il se sentait déjà à l'aise dans cette école qui privilégiait les « praticiens » plutôt que les « théoriciens ». Il lui faudrait désormais s'adapter à sa nouvelle vie. En débarquant à Paris, il avait ressenti le même trouble qu'à Montréal, deux immenses villes aux rues vides, sous un ciel gris. Il devrait se loger, se ménager des amitiés, retrouver un peu de chaleur.

4

LE FIGARO DU COURS FLORENT

Grâce à une connaissance, il dégota un appartement, à quelques mètres de la place du Colonel-Fabien, dans le XIXe arrondissement. Ayant franchi la première étape, il passait désormais ses journées chez Florent.

Il assistait à la classe de Xavier Florent, le fils du fondateur. « *Il était très chaleureux, assez bosseur et pragmatique* », se rappelle une ancienne camarade, Frédérique Farina. « *Il disait : "ce qu'on a dans la vie, on l'obtient ! Il faut se battre." Il n'aimait pas entendre les gens se plaindre de la dureté de ce métier. Il était très positif. Il appelait le cours Florent, le "Cours Flower", et s'amusait à parodier les professeurs. On reconnaissait avec plaisir ses imitations. Il se moquait des théâtreux qui se sentaient "investis" d'une vérité et jouaient la tragédie, la bave aux lèvres. Il observait beaucoup et avait remarqué plein de petits travers chez les élèves. Nous nous livrions tous à ce genre de pastiches, mais lui avait le talent de les mettre en scène. Il parlait déjà d'humoristes américains que nous ne connaissions absolument pas*[1]. »

Il suivit aussi les cours de Marc-Henri Debusschere, devenu aujourd'hui l'avocat du cinéma, et très inquiet à l'idée de ranimer le souvenir de son élève le plus célèbre. Il refusera finalement de témoigner : « *Au demeurant vous ne m'en voudrez pas de respecter la vie personnelle de Gad, par souci d'une certaine discrétion à*

1. Interview avec l'auteur.

laquelle je suis naturellement attaché, mais aussi parce que cela le caractérise bien. C'est pourquoi je regrette de ne pouvoir vous accorder l'interview que vous sollicitiez[1]. »

Nous voulons parler de son travail, ce que ses anciennes relations traduisent par vie privée. Beaucoup de ses proches n'ont pas voulu témoigner car au bout de l'existence de Gad, en ligne de mire, se dresse ce que le journaliste Bernard Langlois avait appelé jadis le « royaume d'opérette », la principauté de Monaco, autour de laquelle bruissent rumeurs et fantasmes. Gad y est entré. Désormais, un livre sur sa vie ne pourrait être qu'un ouvrage people, une profanation de son intimité et du secret de château. Combien de ceux qui l'ont connu m'ont posé cette question : avez-vous eu son autorisation ? Comme s'il fallait demander la permission à un artiste avant de lui consacrer un ouvrage.

Cette question, son autre professeur du cours Florent, en cinéma, Abdelkrim Bahloul y répond à sa façon : « *Si j'avais su que vous n'aviez pas son autorisation, je ne vous aurais pas rencontré* ». L'homme, ancien élève de l'Institut des hautes études cinématographiques (Idhec), auteur de plusieurs films dont *Le Thé à la menthe* et *Un Vampire au paradis*, rencontré dans un joli café, le Cent Kilos[2], un jour de décembre, ne se révèle pas d'un abord facile. Il avait trouvé cette activité de professeur au cours Florent parce qu'il habitait en face. Le patron souhaitait ouvrir une section cinéma, facultative. Son cours commençait à 19 heures. Abdelkrim formait l'acteur au jeu devant la caméra, où les scènes travaillées couvraient un large spectre, de Sophocle à Bernard-Marie Koltès. C'est là qu'il rencontra cet « *élève comme les autres* », ce « *garçon aimable et souriant* ». « *Gad Elmaleh avait été admis en classe libre promise aux meilleurs,* se rappelle Abdelkrim. *Car il*

1. Par mail.
2. 71 rue Brancion (15e). Interview réalisée le 20 décembre 2014.

s'agit d'un concours très difficile, autant que celui du conservatoire. Vingt candidats retenus ! C'est très peu. Gad en était un. Les "classes libres" venaient quand ils le souhaitaient. Mes cours étaient facultatifs. Il était le plus assidu, jouait le plus grand nombre de scènes. Je n'en dirais pas autant de certains élèves, aujourd'hui célèbres. Quand je commençais, dès les premières secondes, je demandais : quelqu'un veut-il monter sur les planches ? Et presque toujours, Gad se proposait. Il pouvait apprendre une scène en un jour, et la dire le lendemain. D'autres apprentis mettaient parfois un mois. Lui en voulait vraiment. » Jouer ne s'apprend pas. C'est un peu le credo que l'on entend de la bouche des professeurs du Cours. « Nous nous soucions de faire jaillir la flamme. »

Quand vous évoquez le « Marocain », il vous coupe tout de suite. « *Non, il est Français ! Ce serait complètement réducteur de voir en lui un produit du Maroc, par rapport à ce qu'il est.* » Il avouera malgré tout que la première fois où Gad se présenta à lui, il crut avoir affaire à un Canadien car il imitait parfaitement l'accent québécois. Abdelkrim connaissait son histoire de l'autre côté de l'Atlantique. Il l'aima d'emblée, ignorant tout de sa vie en dehors du cours.

De cette partie de son existence, il se souvient de deux noms, celui de Gad et d'un autre comédien surdoué, Boris Terral, qui interpréta *Don Juan* de Molière avant d'apparaître à l'écran dans *Pédale douce* et *Laisse tes mains sur mes hanches*. « *Les deux garçons les plus en vue de cette fournée, sur huit cents élèves. Tout le monde les regardait.* » Abdelkrim admire Gad et ne s'en cache pas, jusqu'à se remémorer sa morale personnelle. « *Un jour, il a vu une comédienne très très belle. Il se trouvait à côté de moi, et je lui ai dit : cette fille est vraiment superbe. Il m'a regardé et m'a répondu avec un petit sourire : "Il ne faut pas le lui dire." Il voyait bien qu'elle en était consciente, faisait déjà sa coquette, et que nous ne devions pas la pousser dans cette voie-là.* »

Gad travaillait mais savait s'amuser. Pendant cette période d'apprentissage, il aura aussi plongé dans ce Paris de la fête, du plaisir, de la bonne camaraderie, le plus charmant des Paris. Il se constitua une petite bande. Son meilleur ami de l'époque, rencontré sur les bancs du Cours, Sébastien Ripari, évoque aujourd'hui avec plaisir leur jeunesse. « *Cela fait vingt ans, j'ai oublié beaucoup de choses, mais pas le code pour monter chez lui, 1kFe, comme si je commandais un café ! Je me souviens d'un lit au milieu de la pièce, que nous avons quelquefois partagé. Je revois aussi une guitare contre le mur. Ce sont les deux seules images que je garde de son appartement*[1]. » Sébastien arrivait tout droit de Suisse. Porté, comme tous les autres, par ses beaux rêves de théâtre, il se retrouva projeté, lui, le « petit Genevois » comme il se définit, dans le théâtre de l'île Saint-Louis, plein d'éblouissement et d'espoir, aspirant à de splendides rencontres. Une intuition le poussa, parmi les élèves, vers le jeune Marocain au regard candide.

Les apprentis acteurs savouraient leur belle jeunesse, cette vie de bohème. Ils sortaient, buvaient, traînaient dans les bars, regardaient les filles. Au début, Sébastien louait une chambre, rue Pajol dans le XVIIIe, chez un autre Suisse féru de design, qui avait dépouillé l'appartement de toutes ses chaises.

Une amitié solide se noua entre ces rêveurs de théâtre perdus dans le bouillonnement de la ville lumière mais joyeux, et impatients, à la sortie des répétitions, de monter jusqu'au quatrième pour s'asseoir autour de la cheminée chez Sébastien. Ils descendaient à la cave chercher du bois pour se chauffer, rêvaient leur avenir, veillaient tard, autour de cageots en guise de table basse. Gad participait à toutes les soirées, au centre de la petite bande. Sébastien ne doutait pas de son talent. « *À l'époque*, dira-t-il dans

1. Entretien téléphonique.

le magazine *Point de vue, il captait facilement l'attention des gens qui l'écoutaient. C'était déjà un showman, un acteur de l'immédiat capable de reprendre ce que vous aviez dit pour le tourner différemment. J'ai toujours pensé que Gad était un artiste complet, à l'américaine*[1]. »

Les deux garçons passèrent la première année du cours Florent côte à côte, à jouer des scènes du *Mariage de Figaro*, devant Marc-Henri Debusschere. Gad interprétait Figaro et Sébastien, le comte Almaviva. « *Il capturait le côté comique de la situation, exagérait certains traits, s'appropriait ce personnage, et moi, je prenais le contre-pied, j'étais très chiant et très classique. Un jour, à sa demande, il avait voulu jouer le comte, et moi Figaro. On avait essayé, on était passés sur scène, et le professeur nous avait dit : mais qu'est-ce que vous foutez ! J'avais un ou deux ans de plus que Gad, j'avais arrêté l'école assez tôt et travaillé... j'étais plus posé, plus homme, et lui avait ce côté ludique amusant, genre Feydeau. Notre inversion ne fonctionnait pas. Nous avons donc repris nos personnages. J'étais resté le comte classique.* »

Gad aimait aussi Sganarelle, le personnage de Molière, qui lui était promis. Son talent convenait aux rôles de valets et d'Arlequin, mais il ne se contentait pas de connaître sa partie. « *Je reprochais à beaucoup de comédiens de ne savoir que leurs répliques,* raconte Sébastien. *L'un d'eux disait : ah mais mon père est mort ? Je disais : oui, c'est toi qui l'a tué, il y a vingt-cinq pages. Il n'avait pas pris la peine de lire le reste de la pièce, seulement la scène qu'il devait jouer. Gad, lui, prenait cette peine*[2]. »

C'est avec Sébastien que le futur grand comique apparut d'ailleurs pour la première fois, en 1993, devant des caméras de télévision. Dans cette émission, Francis Huster présentait le cours

1. 29 décembre 2013.
2. Entretien téléphonique.

Florent. Des cameramen avaient filmé les séances de travail, sans très bien savoir lesquelles seraient retenues. François Florent choisit les deux garçons qui répétaient une scène du fameux passage du *Mariage*, la tirade du « Goddam » :

> *Diable ! C'est une belle langue que l'anglais, il en faut peu pour aller loin. Avec God-dam en Angleterre, on ne manque de rien nulle part. Voulez-vous tâter d'un bon poulet gras ? Entrez dans une taverne, et faites seulement ce geste au garçon. (Il tourne la broche.) Goddam ! On vous apporte un pied de bœuf salé sans pain. C'est admirable ! Aimez-vous à boire un coup d'excellent bourgogne ou de clairet ? Rien que celui-ci. (Il débouche une bouteille.) God-dam ! On vous sert un pot de bière, en bel étain, la mousse aux bords. Quelle satisfaction !*

Gad s'y montrait à l'aise. Lorsque la mémoire venait à manquer, il improvisait onomatopées, mimiques. Il impressionnait, même si quelques élèves lui reprochaient d'en rajouter. « *C'était pour lui un beau moyen de faire le pitre*, s'amuse Sébastien. *Gad avait la capacité de prendre un mot et de jouer avec.* » Il se tenait à distance du théâtre classique. Certains prédisaient qu'il serait un grand interprète de Tchekhov. Mais ce n'était pas son registre. Il inventait toujours quelque chose de personnel, tirait avantage de chaque exercice. Un jour, les professeurs demandèrent aux deux amis d'interpréter une chanson a cappella, en présence du directeur François Florent. Une cinquantaine d'élèves assisteraient à cette audition. Sébastien choisit Bobby Lapointe, heureux de cacher son trouble derrière les jeux de mots du chanteur. Gad préféra emprunter un chemin moins balisé. Grimé en rocker américain, avec des lunettes noires, tenant un clavier silencieux, il fit semblant de jouer, se contorsionna, fredonnant un morceau de pop. François Florent s'approcha de lui : « *C'est bien. J'aime-*

rais te voir briller un jour dans cette maison. » L'adoubement de Louis XIV.

J'aimerais te voir briller un jour dans cette maison.

J'aimerais te voir briller un jour dans cette maison.

Il se répéta longtemps cette phrase. Il se la répète encore…

5

VIRÉ DE SCÈNE PAR ÉLIE KAKOU !

Comme la plupart des élèves, Sébastien travaillait. Il faisait du baby-sitting, écrivait des articles pour des journalistes débordés. Il ne se souvient pas très bien de la manière dont Gad survivait, réticent à aborder ses éventuels soucis matériels. Le jeune Canadien-Marocain possédait quelques économies. Il demanda une carte bleue au Crédit Lyonnais, rue Mathis, en face du cours Florent. Elle lui fut refusée, car il n'avait pas assez d'argent, et ne disposait que d'une carte de séjour d'un an. Il n'oubliera pas cette humiliation. Jamais il n'emprunta d'argent, même très pauvre. Il serrait les poings.

Pourtant, il en avait besoin, afin de se cultiver, de développer son champ de vision, sortir… « *On se débrouillait pour aller voir le plus grand nombre de pièces possibles malgré nos modestes moyens,* se remémore Sébastien. *François Florent nous avait dit un jour : "Sortez, sortez, allez voir des pièces !" Un élève avait objecté : "Nous n'avons pas les moyens !" Le directeur avait répondu : "Si vous êtes incapables de vous faire inviter ou de trouver des astuces pour rentrer au théâtre gratuitement, vous n'êtes pas des comédiens !" Cette phrase nous avait encouragés, et notre bande essayait d'aller au théâtre gratuitement, de rencontrer des comédiens à la fin des spectacles.* » Le choix des pièces provoquait des débats animés. Sébastien tint à voir *Les Monstres sacrés* de Jean Cocteau, avec Jean Marais et Michèle Morgan. Il y alla sans Gad et parvint à convaincre une amie qui lui en sera reconnaissante. Les élèves du Cour assistèrent à une autre représentation, *L'Aide-mémoire* de Jean-Claude Carrière, joué par Fanny Ardant et Bernard Giraudeau. Un couple – l'homme méthodique, sérieux, et la femme plus débridée – y marivaude, entre désordre sentimental et fantaisie.

La bande écumait les théâtres de prestige, Bouffes Parisiens ou Comédie des Champs-Élysées, catalysant les fantasmes, comme des petits châteaux forts qu'il fallait prendre d'assaut. Gad sélectionnait des spectacles où primait l'humour. Il découvrit au théâtre de l'Athénée une histoire comique et fantastique, *La Danse du Diable* de Philippe Caubère, créée au festival d'Avignon. Le succès de cet artiste – 45 000 spectateurs – lui fit envie, comme sa solitude sur scène, à la manière d'un conteur. Le personnage, Fernand Faure, jeune homme perdu dans sa chambre, rêve de gloire, laisse vagabonder son imaginaire. « *Ce n'est pas un one-man-show, ni une série de sketches ; c'est une histoire ; comique parce que j'espérais qu'elle fasse rire, fantastique parce que je voudrais qu'elle fasse un peu rêver.* » Ces propos de Caubère, en exergue de son œuvre, ont certainement plu à Gad, dont l'ambition se situe au-delà du simple comique et de la caricature. Le comédien de *La Danse du Diable* le marquerait profondément. Il menait des récits autobiographiques mâtinés de grands textes littéraires. Cet artiste jouait, étincelait, servait Molière, Musset, Tchekhov, la presse louangeait son *Roman d'un acteur* où il racontait sa vie et endossait seul sur scène des dizaines de caractères. Caubère possédait le lustre des comédiens influents, et la flamme des solitaires. Il évoquait tour à tour sa relation avec sa mère et ses débuts sur les planches.

Dans sa quête de magnifiques spectacles, Gad avait repéré une salle intime, le Point Virgule, en plein cœur du Marais, dont le parfum entêtant ne le quitterait jamais. La façade cramoisie couverte d'affiches, auréolée de lumière, l'attirait pour son ambiance familiale et luxueuse. Gad y avait découvert un comédien et tenait à le faire connaître à son ami Sébastien Ripari. Les deux apprentis virent s'avancer sur scène un homme malingre à l'énergie débordante, capable de se métamorphoser en femme, un Français juif d'origine tunisienne, une fée carabosse géniale, enveloppée de fripes, maquillée, un voile sur la tête, peuplée de figures bouffonnes qui débordaient de son corps noueux. Gad observa, fasciné, Élie Kakou. « *Je me souviens de ce moment-là*, poursuit Sébastien. *Je crois que le désir de Gad de faire du one-man-show vient de sa rencontre avec Élie Kakou.* » Il assista à la naissance de ce désir, de sa vocation, vit Racine et Molière balayés d'un coup au profit d'un art très particulier, où un comique, debout dans son costume de ville ou déguisé, navigue entre son univers onirique et le quotidien, la harangue et le sketch écrit.

Élie Kakou suscitait beaucoup d'enthousiasme. La foule criait. Des dizaines de personnages défilaient, tous plus étranges les uns que les autres, madame Sarfati, Mongola, des professeurs... Élie avait l'apparence d'un dessin animé à lui tout seul, forme élastique, liane souple courbée sous le poids de la tradition et des années. Gad songea qu'il aurait lui aussi de quoi dire, avec ses parents, son grand-père, ses cousins. L'Idée, la Grande Idée commençait à naître dans l'obscurité de la petite salle du Point Virgule.

Les comédiens apprentis attendirent Élie à la sortie et l'accompagnèrent jusqu'à un restaurant, avec son producteur Jimmy Levy. Une amitié se créa, faisant entrer peu à peu Gad dans le réseau parisien, celui de l'amitié, de l'admiration et du possible.

Sébastien et Gad prirent congé du maître, et se promenèrent au bord de la Seine. Sans doute contemplaient-ils les bateaux, ou leur visage dans l'eau. La première année du cours Florent s'achevait, et l'avenir se dessinait. Sébastien semblait avoir choisi. Il quitterait la scène pour l'écriture (il est aujourd'hui une personnalité appréciée de la culture gastronomique). Gad songeait aussi à quelque projet fabuleux, et souhaitait en informer son ami.

« J'ai décidé de créer un spectacle. Tu veux l'écrire avec moi ? » Sébastien répondit trop vite : « Non… je n'ai pas le temps ! »

Il rit aujourd'hui de son refus, se demandant bien sûr quelle aurait été sa vie s'il avait accepté. « *J'en avais assez du théâtre. Toute cette année, je n'avais fait que lire et me promener dans Paris. J'avais un grand respect pour les auteurs, et j'espérais en devenir un, mais en solitaire.* »

Ce serait donc, pendant ces années-là, une course à l'influence, au meilleur magicien apte à transformer des brouillons de comédiens en véritables professionnels de la scène. Gad devait toucher le Saint, l'artiste installé, investir son intimité, s'imprégner de son aura, l'observer, l'assiéger. Élie ne se révéla pas la cible la plus facile, tant madame Sarfati se montrait aussi timide dans la vie qu'elle dévorait la scène, et crachait ses créatures. Au civil, l'homme paraissait farouche, un peu cynique, distant. Mais Gad comptait bien chercher auprès de lui la confiance et les repères, s'inspirer de la vedette du Point Virgule, le petit club du marais où poussaient les étoiles.

De cette soirée, il revint, porté par quelques certitudes. Les personnages d'Élie s'étaient glissés en lui, tout comme sa voix acide, ses provocations. Il fut accompagné de madame Sarfati jusque dans les belles nuits de l'île Saint-Louis, où la jeunesse rêvait de gloire, d'amour.

Le jeune artiste marocain n'oublierait jamais le soutien de son ami suisse, ni leurs conversations autour de la littérature. Si Gad admet qu'il n'est pas un grand lecteur, un jour de septembre 1992, pour l'anniversaire de Sébastien, il lui offrit un exemplaire du grand roman d'Albert Cohen, *Belle du Seigneur*, dans la somptueuse édition de la NRF, avec cette dédicace : « *Sébastien, joyeux anniversaire, beaucoup de chance et de courage, beaucoup de sincérité surtout sur scène et dans la vie.* » Sébastien a conservé ce mot à l'écriture soignée. La monumentale œuvre contenait beaucoup d'eux-mêmes, reflétait leur idéal, la passion amoureuse, de la séduction cynique aux étreintes torrides, jusqu'à l'autodestruction. Qui est Solal, le héros d'origine grecque, sinon un apatride, un Juif errant, un amant infidèle jamais satisfait, mais en quête de la Beauté que représente Ariane ? Peut-être Gad y puisa-t-il le sens de la formule : « *Les génies savent que le génie c'est la ténacité, les crétins croient que c'est un don* » ; ou : « *Se faire aimer est si facile, si déshonorant. Toujours la même vieille stratégie et les mêmes misérables causes, la viande et le social.* » La « viande » est bien ce qu'il devrait vendre, marchander tout au long de son existence.

Ils se sépareront. Gad, lui, poursuivra le cours Florent. Les deux amis de jeunesse se recroiseront. « *Alors qu'il venait de monter son premier spectacle, il m'a vu dans la rue, il a arrêté sa voiture, m'a couru après et m'a dit : il faut que tu viennes voir mon spectacle* », raconte Sébastien. Il découvrira ainsi le premier *Décalages*, et partagera un bon dîner avec son ami. « *J'ai retrouvé le Gad que je connaissais. Je l'ai toujours vu faire du mime. Il a su exploiter tous ses dons. Ensuite, il m'a demandé de voir son spectacle* Papa est en haut. *Il m'a dit : "Appelle mon agent, demande deux places et viens !" Il y avait tout ce qui fait son art, du mime, de la musique, de la comédie, de l'improvisation. On aimait partir sur des situations, des mots, des observations, un ping-pong, où je n'étais pas mauvais. Je lui disais : tu as vu le mec avec la moustache, et il partait, improvisait. On a toujours bien ri ensemble, on avait le même humour, on se comprenait à demi-mot. Il n'était pas sûr de lui, son humour était une arme de protection par rapport à son passé de Marocain arrivé à Paris. Quand il ne savait pas un texte, il se mettait à faire : "Tala boum boum…" Et cela marchait. Il avait du charme. Les gens l'appréciaient, même s'il y en avait toujours pour dire, il en fait trop !* » La rue est depuis devenue le lieu de leurs rencontres, comme une scène de théâtre. « *Une fois, avenue Hoche, à 13 heures, sur une terrasse bondée, je le vois passer. Par réflexe, je crie : "Gad ! Gad !" Il s'arrête et se retourne. Je ne me suis pas rendu compte qu'il est devenu Gad Elmaleh. Les gens me dévisagent d'un air réprobateur, style : "Il est taré, ce mec !" Et puis, quand ils ont vu Gad m'enlacer, les clients de la terrasse m'ont regardé différemment.* » Dans le joli appartement du comédien impasse Frochot, au cœur du IXe arrondissement, ils burent des verres. La guitare n'avait pas bougé. Elle occupait toujours un coin du salon. « *Il m'a montré des photos de lui, une couverture de* Première *où il posait. Il m'a expliqué ses projets.* »

Gad a certainement été déçu que son ami quitte le cours Florent. Mais il devait poursuivre, aller jusqu'au bout, remplir son bagage.

Lors de sa deuxième année, il fit la connaissance d'une jeune femme blonde, Isabelle Nanty. Pas un canon (c'est elle qui le dit) ! Comme Marc-Henri Debusschere, elle n'a pas souhaité témoigner. Un SMS lapidaire sera sa seule contribution au livre : « *Désolée ! Je suis en plein travail. Et je ne peux dégager du temps en ce moment. Bon travail !* »

La metteur en scène et comédienne Isabelle Nanty déployait déjà tout ce qui constitue la valeur de son travail : dynamisme et empathie. Elle tentait d'insuffler à ses élèves grâce, puissance et énergie. Son cours prisé de l'institution attirait du monde. Cette femme avait marqué la scène française, avec des rôles dans *Tatie Danielle* d'Étienne Chatiliez ou *Les Visiteurs* de Jean-Marie Poiré, associée à ces succès populaires et à des œuvres plus littéraires du *Dom Juan* au *Tartuffe* de Molière, dans des mises en scène de Francis Huster et Jacques Weber. Son étoile brillait haut. Elle connaissait bien la comédie, mais ne repéra pas tout de suite l'inconnu venu assister discrètement à son cours. Comment sortir, se distinguer dans cette ruche pressée d'élèves en quête de gloire ? Il n'osait pas se mettre en avant. Isabelle Nanty finit par le remarquer et l'invita à se produire devant le public des élèves. Elle trouva Gad timoré, tout en retenue, s'efforça de le libérer, de lui donner confiance. Elle le secoua, s'occupa beaucoup de lui, nourrissant de l'affection pour ce jeune homme pétri d'incertitudes mais déterminé.

Il accomplit ainsi sa deuxième année, entre de bonnes mains, et quand le rideau s'abaissa sur le cours Florent, Gad resta quelques semaines à Paris. Incrédule, il reçut un message d'Élie Kakou qui souhaitait le faire entrer dans son équipe. Il n'avait pas appelé Sébastien ni personne d'autre, mais lui. Son entrée au théâtre Dejazet, ces murs antiques bâtis en 1770, sur le « boulevard du crime », fut, pour lui, presque triomphale. Coluche avait foulé ces planches à la fin des années 1970, les spectres des artistes disparus, Jacques Offenbach, Marcel Carné, Léo Ferré, se promenaient sous les fresques d'Honoré Daumier. Pour Gad, ce fut un tout petit rôle. Il se vit confier la poursuite, ce gros projecteur qui éclaire l'artiste sur scène, jeté ainsi dans la lumière tout en restant du côté de l'ombre. Sans le savoir, Élie Kakou avait installé son jeune ami au meilleur endroit, comme une vigie sur un navire pour observer ses gestes, ses mimiques, le scruter avec sa loupe. Il participait au spectacle. Élie sembla satisfait de la manière dont la nappe dorée tombait sur lui. « *Tu me suis au Point Virgule ? Peut-être je te donnerai quelques répliques à dire.* » Gad le suivrait donc ? Il aurait aimé sauter de joie, mais cette propulsion sous les feux, au côté d'un artiste si étincelant l'impressionnait. Gad ne s'était pas privé de montrer son caractère joyeux, son sens de la répartie, ses plaisanteries, jusqu'à s'enhardir et manifester son envie d'agir davantage, auprès des collaborateurs de la star. Élie écouta ceux qui lui conseillaient de ménager à Gad une petite place. Il appréciait le garçon. Comme il aimait convier des inconnus sur scène, mais craignait qu'ils ne se montrent pas à la hauteur, il préférait engager des comédiens. Gad jouait un journaliste réticent qu'Élie Kakou tirait sur scène. « *Vous avez une carte de presse ?* » Gad marmonnait. « *Vous n'en avez pas ? Alors, foutez le camp, vous essayez de truander...* » Et il virait l'intrus sans ménagement. Gad ne prononçait presque pas un mot, sans que l'on parvînt à démêler s'il avait été surpris d'être précipité ainsi devant le public ou s'il jouait, de manière très véridique, les timides empruntés. Il ignorait bien sûr qu'il reviendrait au même endroit quelques années plus tard, porté par les rires d'une salle entière, et le fantôme d'Élie Kakou. Il ne cesserait de revenir sur son mentor et l'œuvre d'Élie qui n'a pas vieilli. « *Je pense que le point commun de tous ses personnages, c'est la tendresse* », confiera Gad dans l'émission de Michel Drucker *Vivement Dimanche*[1]. « *C'est un peu de mélancolie mais surtout de la tendresse. Le sketch qui me bouleverse vraiment, c'est :* Alors, docteur, qui c'est qui va gagner 250 francs ? *C'est un sketch... "Non, je ne veux pas être une star, je n'ai pas assez souffert avant d'être célèbre...* » Élie Kakou n'a pas vécu longtemps, mort d'un cancer du poumon en 1999, à l'âge de trente-neuf ans. Le premier comique à se produire au Zénith de Paris sera enterré au cimetière juif de Marseille.

Gad avait hâte de commencer sa carrière. Le cours Florent et Élie Kakou lui donnaient de bonnes raisons d'espérer des jours meilleurs. Il laissait traîner sa photo un peu partout, sur tous les castings. Il courait les théâtres, sans parvenir à séduire les metteurs en scène ou producteurs. Le téléphone ne sonnait pas. Le silence.

Puis, un jour, la sonnerie enfin retentit. L'appel qu'il n'attendait plus le réveilla, une invitation à gagner le prestigieux théâtre de Chaillot et à intégrer l'équipe d'un grand metteur en scène, Roger Planchon, qui avait monté des œuvres de Molière, Tchekhov, Ionesco, et préparait une pièce, *Les Libertins*, qu'il avait lui-même écrite en 1967. Le récit se déroulait au XVIIIe siècle. Gad n'y ferait

1. 29 juin 2013.

qu'une apparition. Il entrait en scène, un bougeoir à la main, balançait un mot, s'évaporait. Mais il toucha un premier salaire de 10 000 francs, à ses yeux, presque un coffre rempli d'or. Sa mère Régine pleura, le félicita, et lui se sentit heureux, quasiment arrivé, persuadé qu'au bout, il se verrait proposer un rôle plus important, se contentant d'apercevoir de loin les deux vedettes, Stéphane Freiss, le marquis cavaleur poursuivi par les sans-culottes, et sa bien aimée, Isabelle Gelinas, une ancienne du cours Florent. Gad naviguait avec plaisir dans ce décor d'arches en pierre, de chandeliers, de teinture rouge. Abbés, bigotes, tout une faune, évoluaient, traversaient la pièce immorale et cynique.

Mais le rôle qu'il appelait de ses vœux ne vint pas. Il apparaît aussi à cette époque sur France3 dans une sitcom. Le genre est à la mode sur le petit écran depuis une dizaine d'années alors. *Fruits et Légumes* raconte le quotidien de la famille d'un épicier de banlieue. Elle obtiendra moins de succès que bien d'autres. Pendant vingt-six épisodes, Gad y joue l'ami rigolo de la famille. « *Chez nous, le thème effraie encore les décideurs* », dira la productrice de la maison Cinevé, Fabienne Servan-Schreiber. « *Mais l'intégration passe par la présence d'immigrés dans les sitcoms. J'y vois presque un devoir de citoyen*[1]. »

Gad musardait dans une France qui découvrait avec méfiance ses minorités. Il trouvait des rôles parce qu'il amusait, et grâce aussi au « *devoir citoyen* » des producteurs décidés à secouer une société figée. Il traverse aussi la fin d'un court-métrage, *Manivelle*, en tenue de policier, avec moustache, chargé de régler un différend entre un acteur arrogant et un garagiste fan.

Il semblait avoir entamé le parcours dévolu aux comédiens débutants, entre figuration et petits rôles.

Il ne pourrait compter que sur lui-même, ses propres idées, sa bonne étoile.

1. *L'Express*, 30 juin 1994.

6

LA PREMIÈRE FOIS SUR SCÈNE

Les rôles se laissaient désirer. Les journées lui parurent longues. Gad se rappela que son oncle Albert Mallet (il avait supprimé le « El » de son nom), dirigeait Radio Shalom, « *la voix de la Paix* », lancée en 1981 dans le bouillonnement des radios libres, libérées par Mitterrand. Radio Shalom œuvrait au rapprochement entre Juifs et Arabes, sans renier son attachement à Israël. Cet oncle, Gad ne l'avait pas beaucoup connu. Il avait quitté le Maroc, comme lui, à seize ans. La cinquantaine rugissante, il menait une vie sociale remplie et devenait une figure de l'intelligentsia parisienne. Peut-être trouverait-il quelque occupation pour son neveu ?

Gad rejoignit un petit hôtel particulier, rue Georges-Berger, dans le 17e arrondissement, qui abritait deux stations, RCJ (Radio communauté juive), et Radio Shalom. Cette dernière, modeste, existait grâce à ses bénévoles. Elle émettait de 16 h 30 à 20 heures. Jusqu'à 18 heures, à l'antenne, la culture tenait la vedette. De la musique, souvent israélienne, ponctuait les émissions au gré d'une discothèque limitée. Ensuite, prenait place l'information quasi continue. Albert Mallet, très pointilleux sur les émissions politiques et la ligne éditoriale, avait réuni une brochette de belles plumes. Parmi elles, les journalistes Maurice Szafran et Nicolas Domenach, le critique gastronomique Périco Légasse, qui intervenaient souvent pendant le journal.

Gad savait qu'il ne serait pas rémunéré à Radio Shalom, mais il voulait s'amuser et se rôder. « *Il n'était pas connu, et n'avait pas grand-chose à faire,* se souvient Francine Aknin, directrice des programmes de l'époque. *Il mettait une bonne ambiance, provoquait les rires. Il m'a dit un jour : j'ai envie de faire des farces à l'antenne*[1]. » Francine lui avait parlé d'une amie qui organisait à Vincennes des soirées à l'occasion de la fête des Cabanes (Souccot en hébreu), commémorant l'errance des Hébreux dans le désert après leur sortie d'Égypte. Cette femme avait aménagé sur sa terrasse une cabane symbolique. « *Gad m'a dit : "donne-moi son numéro". Ok, mais tu ne lui révèles pas que c'est moi qui te l'ai donné, lui ai-je répondu. Il l'a appelée, se faisant passer pour un membre des services de sécurité. Il inventa une histoire selon laquelle plusieurs personnalités comptaient venir chez elle, au total quatre-vingt-dix-huit invités. Mon amie commença à paniquer. "Mais non, ce n'est pas vrai." Gad répondit : "Si, il y a une annonce dans le journal. Vous avez bien une terrasse ?" Elle jura sur la tête de ses enfants qu'elle n'avait pas publié une telle annonce. Et Gad insista : "De toute façon, c'est trop tard. Tout le monde vient. Je dois assurer la sécurité. Allez dans la cuisine, vérifiez tout, les tuyaux, le gaz…" Nous étions pliés de rire. Le canular enregistré fut diffusé à l'antenne. Gad en imagina plusieurs autres. Il téléphona chez Dalloyau, ce traiteur chic. Il lui expliqua qu'il organisait une réception pour la bar-mitsva de son fils, et commanda un couscous aux pruneaux. L'employé précisa le prix, les conditions de livraison, etc. Gad ajouta : "Vous avez bien compris que je ne vous demande pas un couscous aux pruneaux habituel, je voudrais que chaque grain de couscous soit farci de pruneaux…"* Le vendeur en perdit presque la tête. Les auditeurs s'amusèrent beaucoup des facéties de cet étrange Buster Keaton qui délirait au micro « *avec un*

1. Entretien téléphonique.

sérieux impressionnant, poursuit Francine. *Il était mal dégrossi, portait une casquette à l'envers, et ne détestait pas les jolies femmes de la radio qui ne partageaient pas toujours ses inclinations.* » L'une d'elles confie même aujourd'hui : « *Il était même lourd, et n'avait pas de succès particulier.* »

Il mit un terme à cette expérience. Son salut ne dépendait pas de Paris, mais du pays cher à son cœur, le Canada. Il reprit un billet d'avion, encore une fois sans bien savoir ce qu'il ferait de l'autre côté de l'Atlantique, mais il ne craignait pas l'improvisation. Il se sentait léger, aventureux, décidé à s'aménager une place importante au cœur de Montréal, dans la nation la plus ouverte à la jeunesse et à l'audace.

Ses économies lui assuraient un séjour assez long. Il traînait dans les cabarets, assistait aux « Lundis juste pour rire », ce festival qui voit défiler les comiques de la Belle Province. Il fréquentait les Cafés Campus qu'il rejoignait à pied, les mains dans les poches, commandait une bonne bière, et s'asseyait dans la salle. Il découvrit les comiques québécois – François Morency, Jean-Michel Anctil, Martin Matte et Martin Petit – des noms inconnus chez nous. Le public se tordait de rire. Gad se mit à envier ces humoristes. Il n'avait jamais vu une telle ardeur à répandre la comédie dans les théâtres remplis de centaines de spectateurs. Les bouffons improvisaient, jonglaient, racontaient des histoires, lançaient des phrases cinglantes : « *Aux États-Unis, quand tu fais un tube en musique, tu peux vivre jusqu'à la fin de tes jours ; au Québec aussi, à condition de mourir le lendemain* », se souviendra-t-il[1].

Il errait de salle en salle, sans investir une scène ni donner quelque solidité à ses velléités.

Ce pays le marquera. Il confiera plus tard. « *Je sais que les Québécois n'aiment pas se revendiquer comme des Américains, mais*

1. *Journal du Dimanche*, 25 mai 2013.

que vous le vouliez ou non, vous êtes des Américains. Je pense que j'ai pris ce qu'il y a de meilleur dans votre américanité. Le Québec garde ses valeurs particulières tout en voyant aussi grand que son voisin. Je crois bien que c'est ce que j'essaie de mettre en application dans tout ce que je fais[1] . »

Pour Gad Elmaleh, le véritable départ viendra d'un homme d'affaires qui ne doutait de rien. Un ami de ses parents, Michel Azoulay, grâce à son avantageuse position, devint son mécène. Ce PDG de Modium International, société d'importation de vêtements à Montréal, connaissait la vocation du garçon. Il l'avait entendu raconter des plaisanteries lors de dîners chez lui. « *Tu es drôle avec nous, en petit comité. Tu feras pareil avec des inconnus !* » Gad s'étonna : « *Tu crois ? Ce sont des petites blagues que je dis. Qui cela pourrait intéresser ?* » Il rit, mais Azoulay insista, conscient que la communauté sépharade de Montréal, dont il était une figure respectée, apprécierait son humour.

Le mentor possédait suffisamment de poids pour être écouté. Il appela Gad à son hôtel.

— Je viens de te réserver la salle du cabaret du musée Juste pour Rire pour que tu présentes un show. Surtout, ne me dis pas non !

— Mais je n'ai rien écrit, proteste Gad. Qu'est-ce que je vais leur présenter. Ça va être la honte de ma vie.

Michel Azoulay rit.

— Eh bien, tu as quarante-cinq jours pour pondre quelque chose.

Gad s'enferma chez lui. Le regard d'Élie Kakou pesait sur lui. Peut-être aurait-il été mieux inspiré de jouer du piano devant le public, de composer de la musique, au lieu de raconter des blagues. Il craignait de se décevoir. Soudain l'humour lui parut

1. Interview donnée à la revue en ligne *Voir Montréal*, 20 mai 2010.

un genre inférieur à la symphonie. Avait-il moins d'aptitude au rire ? Ce n'est pas ce que semblait penser Michel Azoulay en le poussant brutalement dans l'arène.

Après ses protestations, Gad se mit au travail, la main tremblante. Le musée Juste pour Rire était le haut lieu de l'humour québécois, logé dans une ancienne brasserie du XIXe siècle, boulevard Saint-Laurent. Ses hauts murs, avec ses fenêtres en arc, lui donnaient des allures de petite Bastille. Les grands soirs, cinq cents personnes s'y pressaient, avides d'applaudir les espoirs comiques canadiens. Gad avait assisté à quelques spectacles, conscient que la foule ne se bousculerait pas pour venir l'admirer. À la veille de concevoir sa première œuvre, presque dans l'urgence et la panique, mêlant ambition et amitié, il éprouvait des difficultés à écrire, à exprimer quelque chose de lui. Loin de la rhétorique des grands auteurs de théâtre dont il aimait, au cours Florent, incarner les héros, il inventait des personnages sépharades, parlait fort, jouant l'un ou l'autre des protagonistes. Six privilégiés prirent place dans la salle, quatre membres de sa famille, dont ses parents, venus du Maroc, le cœur étreint par l'émotion. Gad, épuisé, ayant mal dormi, s'était réveillé, le dos bloqué, incapable de bouger. La douleur se calma peu à peu, et le 10 décembre 2004 – il marquera cette date, comme la plus importante de sa vie, d'une croix blanche – il se lança seul, sur une scène, savoura les rares applaudissements, embrassa le plateau, rituel qu'il adoptera pendant toute sa carrière. Il jouit d'un plaisir irrésistible. Le surplomb des planches, les regards braqués sur lui l'enflammèrent. Parfois, au cours d'un sketch, lorsque les rires ne venaient pas comme il les attendait, il laissait son esprit vagabonder puis reprenait le fil. Il devait retenir la magie, et rester concentré.

Le lendemain, il compta dix spectateurs.

En revenant à Montréal, il s'était dirigé vers les lieux communautaires, plus rassurants, où il pensait recevoir un accueil chaleureux comme le centre Hillel dédié à la musique et à cet humour juif particulier. « *Il s'était déjà fait remarquer lors de son premier séjour,* raconte le directeur de l'époque Robert Abitbol. *Lorsqu'il est revenu à Montréal pour étudier, Gad s'est retrouvé tout naturellement chez nous car il avait l'habitude de fréquenter les lieux communautaires. C'était le même garçon, très vivant et aimé de tous*[1]. »

Vivant, aimé... La communauté vibrait à l'écoute de ce remuant voyageur. Au centre Hillel, du haut de la petite estrade en bois, il rassemblait parfois une centaine de spectateurs et il s'en satisfaisait. « Je suis au top », pensait-il, en racontant les ébauches de ce qui deviendrait son premier spectacle, *Décalages*. Les fantaisies en solitaire de Philippe Caubère, de vingt ans plus âgé que lui, l'inspiraient.

Il voulait ressembler à ses illustres aînés, mais il ne se grimerait pas, ne revêtirait pas les fichus et les voiles d'Élie Kakou. Tout juste enfila-t-il la veste rouge du bûcheron canadien, celle du conducteur de poids lourd à l'accent québécois. Il ne possédait pas non plus la poésie d'un Philippe Caubère ni la furia politique et polémiste d'un Guy Bedos. Gad Elmaleh concevait une œuvre d'observations quotidiennes. Il avait décidé de se fixer des limites, de ne pas trop approcher l'intime ni d'être trop sucré.

Il cherchait la popularité. Une femme allait bientôt changer sa vie !

1. *Closer*, 21 août 2014.

7

RAMDAM AU TRÉVISE !

Karen Taïeb est une belle femme, aux cheveux bruns. Elle irradie comme toutes celles qui ont veillé sur le parcours de Gad Elmaleh, l'ont protégé, soutenu, parfois aimé. Elle porte sur elle ce Maroc chaleureux et solaire, celui de la riante ville de Rabat où elle a vu le jour en 1962, sous le nom d'Attias. Nous rencontrons une personnalité heureuse, avec quelques blessures secrètes, à peine apparentes, mais qu'elle dissimule derrière un éclatant sourire. Elle a consacré sa vie à la culture, aux côtés de son mari Gil Taieb, engagée dans la vie publique et politique. Ils ont fondé le festival Onze bouge, qui se déroule dans le 11e arrondissement, où Karen est élue, apparentée PS. Dix-huit printemps portent joliment cette manifestation de danse, d'art de la rue, de musique née en 1997. Chaque année, un comique ou comédien parraine le rendez-vous. Gad Elmaleh, qui ne s'y est jamais produit, accola son nom à l'une des premières éditions, trace d'une aventure commune inoubliable. « *Ce festival a représenté nos débuts dans le monde de la culture à Paris*, raconte Karen. *Nous étions tout jeunes, et nous avons commencé à fréquenter des artistes*[1]. » C'est à l'âge de dix ans que Karen Attias débarqua en France. Elle entra en sixième. Le milieu d'où elle venait, plutôt favorisé – un père prothésiste dentaire et une mère qui le seconde, sous les mânes d'un grand-père rabbin poète –, ne la prédisposait pas à devenir une

1. Entretien avec l'auteur, 17 juillet 2014.

figure de l'intelligentsia parisienne. Elle avait vécu une enfance sympathique, goûtant une belle vie de famille au Maroc, pleine de grâce. « *Je n'ai que de bons souvenirs* », dit-elle, en ranimant, d'un geste de la main, ceux de son école Saint-Gabriel, près de la tour Hassan, l'un des monuments les plus visités de Rabat. « *C'est une école de bonnes sœurs, et moi, je suis juive. Mais nous vivions en bonne entente œcuménique, sans voir les différences. Elle est d'un bon niveau, c'est ce qui intéressait mes parents.* » Elle n'a jamais oublié les lilas de cette école, « *folle de ces fleurs* ». Quand elle est retournée au Maroc à l'âge de quatorze ans, elle s'est rendue devant Saint-Gabriel pour voir si les fleurs répandaient toujours leur parfum inoubliable, sur le beau parterre. Et elles s'y trouvaient, indifférentes aux années, lumineuses dans leur magnifique floraison. « *J'y suis revenue à vingt ans. Les fleurs y étaient, et chaque fois, je m'y arrête. Il y a quelque chose d'intemporel que j'apprécie.* »

Là-bas, Karen étudia les auteurs français comme Ronsard. « *Mignonne, allons voir si la rose.* » Elle apprenait par cœur ces vers consacrés au vieillissement et à l'amour. Chaque matin, en arrivant dans sa classe, vêtue d'un tablier comme les autres petites filles, elle lisait une phrase de morale inscrite au tableau noir, et commençait ses devoirs, en trempant sa plume dans l'encrier.

La France restait une sorte de phare attirant, la porte d'entrée vers le grand monde. Karen ressentit un choc en découvrant le 20e arrondissement de Paris, et la sixième au lycée Maurice Ravel. « *Le Maroc avait été sous protectorat français pendant des années, et mes parents appréciaient la culture française. Quand j'étais petite, notre pays n'était plus sous protectorat, et pourtant, en histoire-géo, nous apprenions à la fois la géographie marocaine, l'Atlas et le Moyen Atlas, et les rois de France. C'était donc logique d'émigrer.* » L'adaptation ne fut pas très aisée pour elle. « *Je ne comprenais rien aux bases en mathématiques. D'ailleurs, je ne savais pas si les profs y comprenaient eux-mêmes quelque chose. Ces difficultés ont valu une convocation à ma mère. Les enseignants voulaient savoir si je parlais bien français. Je sentais un préjugé parce que je venais du Maroc. Mais ensuite, tout s'est bien passé, surtout avec les profs de français.* » Elle accumula là aussi les bons souvenirs, fière de ses années de lycée, où elle découvrit les monuments de la littérature française, Victor Hugo, Baudelaire... Elle obtint son Bac C, et entama une première année de médecine dentaire, afin de satisfaire son père prothésiste. « *J'ai toujours vécu dans les dents. C'était pour lui faire plaisir. Alors que j'aurais préféré étudier la philo.* » Elle s'inscrivit aussi à la Sorbonne, où elle « séjourna » deux années, se gavant de Platon, Kant et Nietzsche. Au détour d'un amphithéâtre, l'amour la cueillit à Nanterre. Il se prénommait Gil et terminait son cursus alors qu'elle commençait, suivant son sillage familial, jusqu'à ouvrir en 1987, une fois ses études terminées, son propre cabinet dentaire. Un premier fils, un métier, un mari... Des interrogations aussi. « *Ce n'est pas un métier que j'ai aimé. Je m'en suis éloignée. Je n'avais pas vraiment de vocation. Avec Gil, nous avons construit des projets communs. Je suis très favorable dans le couple aux projets communs. Il voulait aider Israël, à l'époque où les Juifs d'URSS et d'Éthiopie quittaient leur pays pour émigrer au Moyen-Orient. Mon cabinet marchait moyennement, celui de Gil, plus motivé, marchait mieux.* » Les journaux télévisés montraient des traînées blanches dans le ciel. Les Scuds, lancés par l'Irak lors de la première guerre du Golfe, frappaient Israël. Des Marocains juifs comme Karen et Gil Taïeb ne pouvaient rester inactifs. « *Nous nous sommes réunis avec des copains, et Gil est passé sur une radio juive pour annoncer sa volonté d'aider les Juifs. Notre appartement, boulevard Voltaire, est devenu un lieu de réunions. Des gens nous ont apporté des couvertures, des postes de radio, que nous devions envoyer aux réfugiés. Nous collections du matériel, des radios, des piles, pour que les Israéliens entendent l'alerte des scuds.* » Ils créèrent une association d'aide au rapatriement de tous les Juifs, affrétèrent des vols pour aller chercher à Budapest les réfugiés d'URSS. « *La situation en URSS n'était pas terrible à l'époque. Nous avons créé des soirées caritatives pour récolter des sous. On avait besoin de lait pour bébés, de shampoings antipoux, de couches, et on distribuait. Il fallait des moyens pour les acheter. On a commencé à être connus dans la communauté juive.* » Ils décidèrent d'aller un peu plus loin. Pourquoi n'organiseraient-ils pas des soirées théâtre afin de récolter de l'argent ? Mais comment investir la culture ? Karen et Gil s'en ouvrirent à une cousine, Katia Lewkowicz, comédienne, et ancienne du cours Florent, qui avait vécu au Canada. Elle cita un nom que personne ne connaissait, Gad Elmaleh, dont elle avait vu l'un des premiers spectacles, à Montréal. « *Elle m'a dit : "J'ai vu quelqu'un de génial. Il est d'origine marocaine, et m'a vraiment fait rire. Tu ne seras pas déçue !" Elle était dithyrambique.* » Karen prit contact avec lui et, à son retour de Montréal, Gad se présenta chez les Taieb. Elle se rappelle bien ce jour-là : le jeune homme portait un petit bonnet sur la tête, cachant à peine un visage plutôt avenant et souriant. « *Il me tend une cassette VHS, et je regarde, je suis seule. Mon mari n'est pas là. Et là, je suis pliée en deux, je me dis, il est génial ! Étant Juive marocaine, je suis tout de suite sensible à son humour. Je lui propose de faire une soirée avec lui, dans le cadre d'une opération de collecte à destination des personnes défavorisées. Nous étions devenus tout-terrain, impliqués désormais dans le social.* »

Elle chercha un lieu plutôt bon marché, dans cette ville riche en petites scènes, et trouva le théâtre Trévise, une salle du 9e arrondissement, à côté des Folies Bergère. Elle ne sait plus qui l'a proposé, peut-être Gad en eut-il l'idée. Karen, bien moins avancée dans ce domaine que le jeune artiste, ignorait tout des affaires théâtrales.

Le Trévise, bel écrin de velours et de bois, s'échappe d'une paroi de vieilles pierres, avec des marches, et des lumières dorées. On y entre comme dans un salon. Des magiciens font sortir des lapins d'un chapeau, des mimes représentent leur monde en silence, et les amuseurs cherchent à détendre le public. Le Trévise avait ouvert ses portes quelques années plus tôt, bien décidé à s'imposer parmi les scènes parisiennes, grâce au Fieald (Festival international d'expression artistique libre désordonnée). Chaque dimanche, un comédien inconnu disposait, sans audition, de cinq minutes pour amuser les spectateurs, vieille tradition du spectacle initiée sur les péniches de la Seine, où des apprentis artistes offraient une bouteille de champagne au patron en échange d'un tour sur les planches. L'artiste en vue, Gustave Parking, attirait du monde. Ce personnage absurde réclamait au public un petit écot à la sortie. Dany Boon, « *pire que pauvre* », selon son expression, y créa son sketch *Le Déprimé*. Le Trévise accueillait tout art du spectacle : magie, acrobatie, clownerie, stand-up (littéralement « se lever »), comédie... Lorsque Gad y débarqua, il constata le niveau plutôt moyen des candidats enfermés dans leur thématique « pipi caca ». « *Pour ceux qui veulent "faire vedette", la scène du Trévise reste un bon tremplin. Et pour ceux qui souhaitent simplement passer de l'autre côté du rideau de velours rouge une fois dans leur vie, c'est le lieu idéal*[1] », écrira *Libération*, fidèle observateur de l'immortel Trévise toujours debout malgré les années.

Gad voulait « *faire vedette* », il dominait sans peine bien des candidats qui partaient en vrille, se perdaient dans des récits inachevés et ennuyeux. Le public ne montrait aucune cruauté, mais jetait avec politesse les sujets médiocres hors de scène. Dans ce maelström de rêves et d'espoirs, certains talents émergeaient. Gad y rencontra un garçon à la tchatche diabolique, le bras inerte

1. Étienne Sorin, « La Séquence de l'amateur », 15 novembre 2002.

depuis qu'enfant il avait été heurté par un train dans sa ville de Trappes. De quatre ans son cadet, Jamel Debbouze, d'origine marocaine, avait grandi dans cette banlieue parisienne, avec tout l'attirail que l'on connaît : le sens de la vanne, de l'improvisation, de la « battle »... Jamel lâchait son débit insensé devant une audience étonnée. Le philosophe Nietzsche, dans *La Naissance de la tragédie*, définit deux formes artistiques : l'une, dionysiaque, délirante, folle, sans structure précise, l'autre, apollinienne qui représente l'équilibre, la rationalité, plus réfléchie. Jamel incarne la première, quand Gad privilégie l'œuvre, le concept, le récit. L'un déconstruit, l'autre construit. Cette différence n'empêchera pas les deux artistes de s'entendre, de vouloir écrire ensemble, bien que leur style ne s'harmonisât guère parfaitement.

Au Trévise, Gad s'appropria les lieux, montrant une réflexion déjà plus avancée que celle de beaucoup d'autres comédiens. Karen Taieb loua le théâtre. « *Nous ne savions rien du spectacle. J'étais sûre d'une chose : du talent de Gad. Il me faisait penser à Charlie Chaplin, il savait occuper la scène. J'avais l'impression qu'il avait des bras à rallonges. Chaque fois qu'il était quelque part, il était déjà ailleurs, montrant une grande mobilité. Je revoyais les grands-pères et grands-mères de nos origines. Il était capable de brosser beaucoup de personnages, pas simplement son grand-père mais aussi son cousin de Montréal, avec l'accent canadien, en reproduisant des mimiques irrésistibles.* » Karen épuisa son carnet d'adresses, remua toute la communauté juive, annonçant qu'un vrai génie du rire faisait escale à Paris et que se rendre au théâtre de Trévise ce soir-là permettrait d'aider l'association. Le public, désireux de contribuer à cette mission sociale, répondit à l'invitation. Peu de spectateurs avaient entendu parler de Gad Elmaleh. Ils ne savaient pas très bien à quoi s'attendre. « *Gad m'a demandé à ce moment-là d'être son ambassadrice*, poursuit Karen. *C'était très artisanal. Nous ne disposions pas d'ordinateur, pour la quadri-*

chromie. J'ai conçu les premières affiches en faisant du collage. On allait chez l'imprimeur où quelqu'un tapait le dossier avec deux doigts. » Elle imagina des tickets de couleur – une par jour – le mardi en rose, le jeudi en vert. Gad avait saisi le pouvoir de l'image et de la publicité, il proposait des idées graphiques, il avait eu tout le loisir, au Canada, de parfaire ses connaissances en matière de marketing. Il prenait les décisions, surveillait les invitations, éliminait et retenait qui il désirait. À vingt-trois ans à peine, il avait acquis un certain savoir-faire, sans revendiquer une immense expérience. Il fêta même son anniversaire sur la scène du Trévise.

Karen l'écoutait, se démenait. Elle avait écrit un grand nombre de lettres à la presse, avec des louanges enflammées sur l'étoile montante qu'elle venait d'attraper. Elle songea à Michel Drucker, l'homme inamovible, éternel de la variété et du spectacle populaire français.

« *Je devais me faire Druckeriser,* dira Gad des années plus tard. *La Druckerisation, à un moment donné, c'est comme la canonisation. C'est-à-dire dans la carrière d'un artiste, il faut se faire Druckeriser. Si tu n'es pas Druckerisé, tu ne peux pas réussir dans ce métier*[1]. »

Karen écrivit donc au pape de l'audiovisuel, vantant une personnalité exceptionnelle. Mais la réponse tarda.

Gad ne guetta aucun signe du seigneur. Il donna sa première interview à ses soutiens de Radio Shalom, au micro de la directrice des programmes Francine Aknin. « *On peut dire en quelque sorte que nous l'avons lancé,* affirme cette dernière. *Il était intimidé et anxieux. Il ne pouvait pas imaginer que son spectacle aurait autant de succès.* »

Il convia des camarades du cours Florent, ses premiers partenaires sur scène, ses connaissances du début. Cet artiste qu'il

1. *Paris Match*, 11 octobre 2014.

admirait, Roger Planchon, pour qui il avait porté un bougeoir dans *Les Libertins*, se joindrait peut-être à la fête. Il pensa aussi au comédien Stéphane Freiss, héros du film *Les Chouans* de Philippe de Broca, et à Élie Kakou évidemment, qui apparut au Trévise un soir et donna à son ancien figurant un conseil dans les loges. « *Fais gaffe,* lança-t-il. *Car le métal de tes bretelles brille un peu trop.* » Karen entendit l'échange. « *C'est tout ce qu'il avait vu. Que voulait-il dire par là ? Étrange. Peut-être était-ce de l'humour ?* »

Le bouche-à-oreille semblait agir. Deux jeunes passionnés de comique et de cinéma se présentèrent à lui. Olivier Nakache et Éric Toledano n'étaient pas encore « les intouchables » du box-office qu'ils deviendraient dix-sept ans plus tard, juste des rêveurs en train de monter leur premier court-métrage. Ils fréquentaient les cabarets parisiens et, en particulier, le Trévise à la recherche de « gagmen », d'acteurs, et proposèrent à Gad de participer à leur projet. L'auteur de *Décalages* se sentit en phase avec eux, surtout qu'Éric Toledano, d'origine marocaine, Juif, avait le même âge que lui. Il promit de les revoir.

Un autre homme assista aussi au spectacle : Ilan (Alain) Goldmann. En quête d'artistes nouveaux, il porterait en partie l'avenir du comique. Le public remplit la salle, mêlant curieux, militants et invités, trois fois par semaine.

Karen ne relâcha pas ses efforts, continua d'appeler les gens au téléphone. Michel Drucker ne se présenterait pas au Trévise, mais il envoya un message, où il se déclarait intéressé. Elle alerta Rire et Chansons, radio lancée en 1989, associant variétés et extraits de spectacles comiques de toutes les époques, et dont le succès ne laissait pas de surprendre le paysage médiatique. Aucune réaction. « Ils le regretteront ! » jura-t-elle, sans se décourager. Car de nombreux hôtes de marque et amis occupaient presque toutes les chaises. « *J'appelais les leaders de chaque petit groupe pour les convaincre de venir et leur demander après ce qu'ils en avaient pensé,* se rappelle Karen. *Et s'ils avaient aimé, je leur demandais de convier leurs tantes, cousins, proches. Chaque jour, je recommençais inlassablement. J'ai conservé la liste des premiers spectateurs. Certains se sont même déplacés onze fois de suite. Ils avaient envie de rire avec lui, sensibles à l'incroyable bonne humeur du spectacle. Je me mettais au fond, avec une bande de copains marocains de Gad. Et nous éclations de rire même après avoir vu l'attraction plusieurs soirs. À vingt-cinq ans, il avait tout compris à l'humour. C'est allé crescendo. En même temps, ce n'était pas mon métier. Je n'étais qu'une dentiste, même si je ne pratiquais plus.* »

Elle garde de cette période un souvenir heureux. Chaque soir, après la représentation, Gad organisait un dîner avec les amis, à la Coupole, ou dans le quartier Saint-Martin, au Tapis Rouge. Gil, le mari de Karen, s'acquittait de l'addition, assurant discrètement une position de mécène, sans renoncer à son cabinet. Moments gracieux sublimés par les rêves, autour de l'avenir et du succès. « *Le seul reproche que je peux faire à Gad, c'est qu'à cause de lui, j'ai définitivement détesté mon métier dentaire, pour m'orienter vers la culture,* soupire Karen. *Bon, je ne le regrette pas.* » Gad touchait une modeste enveloppe. Il s'en moquait, simplement heureux d'exercer son art, en quête d'une gloire qu'il invoquait depuis l'enfance, dans ses vagabondages sur les plages de Casablanca, où il formulait toutes sortes de prières.

Il donna au Trévise une vingtaine de spectacles, en six mois. Karen, devenue manageuse, envisageait de prolonger une activité dont elle ignorait tout jusqu'alors, de poursuivre l'aventure le plus longtemps possible, jusqu'au jour où Gad lui proposa un déjeuner avec son mari. Elle s'y rendit, sans se douter de ce que le comédien lui dirait.

« *Eh bien voilà, en fait,* commença l'auteur de *Décalages, mon père m'a dit qu'il était temps que je passe à la vitesse supérieure. Je vais vous quitter. J'ai reçu d'autres propositions que l'on ne peut pas refuser*[1]. » Karen encaissa. Elle avait retenu l'information : mon père ! L'ancien mime de Casablanca veillait à la destinée de son fils prodige, comme une revanche prise sur sa propre carrière artistique avortée. Plus rien ne s'accomplirait sans son assentiment. « *Je lui ai dit : "Bon, ok, la porte est ouverte. Tu as raison." Mais au fond de moi, j'ai été très déçue, peinée. Même si je ne mélange pas tout, j'imaginais un enfant qui s'en va, décidé à prendre son indépendance. Nous avions le sentiment d'avoir été à la naissance. Il nous disait que nous étions trop petits. Je peux l'admettre car lui était déjà très grand.* »

À l'entrée du Trévise, elle avait ouvert un livre d'or, permettant aux admirateurs ou professionnels de rédiger un message. Karen y avait écrit : « *Demain, tu seras à l'Olympia, c'est évident* ». Peut-être pensait-elle participer à toutes ses aventures ? Gad et elle n'ont jamais perdu le contact. Le comédien comique garde une certaine fidélité envers ceux qui ont contribué à le lancer. « *Je suis allée le voir récemment à l'opéra Garnier. Je lui ai dit : "Tu m'as eue. Car j'avais imaginé l'Olympia, mais pas l'Opéra." Chaque fois, le costume est trop étroit pour lui. Il veut toujours aller plus loin. Il est ambitieux et ne se contente jamais de ce qu'il a. Une grande amitié nous lie. Bien sûr, je reste en retrait, spectatrice de sa formidable ascension. Il est toujours disponible avec les gens qui veulent le prendre en photo. Il aime les gens. Quand je lui envoie un texto, il me répond dans les cinq minutes. Je pense qu'il est reconnaissant. Quelqu'un m'a transmis qu'il a dit un jour : "Je n'oublierai jamais ce que Karen a fait !" Je comprends cette pudeur, très juive marocaine.* »

Elle aura été heureuse d'assister à la révélation de celui qu'elle considère comme un grand artiste. « *Avec lui, j'ai retrouvé des sonorités qui me rappelaient mon enfance. Je ne connais pas l'humour des Juifs tunisiens qui prétendent en avoir plus que les Marocains. J'ai*

1. Rapporté par Karen. Entretien avec l'auteur, juillet 2014.

d'ailleurs eu du mal à les faire venir car ils disaient : c'est marocain, cela ne nous fera pas rire ! Les Tunisiens préféraient leur Michel Boujenah national ! »

Elle a bien saisi depuis l'ingratitude d'un métier, en travaillant avec d'autres artistes, peut-être aussi doués, mais dont l'heure n'a pas (encore) sonné. Elle a soutenu une jeune comédienne, Mireille Dupuis. « *Je l'ai beaucoup aidée, elle est talentueuse, je revoyais Gad en elle, mais en version marseillaise. Elle n'a pas eu le succès qu'elle mérite. Elle avait un spectacle sur Marseille, sur elle-même, son identité. Comme Gad racontait dans* Décalage *sa propre vie, Mireille évoquait son arrivée à Paris, avec beaucoup de poésie et d'humour.* » Karen sait que la réussite d'un artiste dépend parfois de l'appui d'une communauté, d'une tribu, et Gad en aura profité. « *Je n'ai pas pu l'avoir avec Mireille car je ne suis pas marseillaise. Le bouche-à-oreille, le réseau sont essentiels.* » Elle n'est pas déçue de voir Gad dans les palais princiers de Monaco. « *Il a l'air heureux, c'est essentiel.* » Aujourd'hui, elle partage son temps entre la vie politique – avec le PS sans en avoir la carte – et la culture, son rêve presque inabouti. Elle écrit des spectacles pour enfants, et a monté un conte au Petit Théâtre de Paris, *Les Aventures de Tolu - le petit écolo*, où un acteur joue tous les rôles. Elle a aussi écrit une comédie de boulevard moderne, espérant la porter un jour à la scène. Elle a adressé le texte à la Librairie Théâtrale, mais n'a pas encore été publiée. « *En gros, je sais bien m'occuper des autres, mais pour moi, c'est plus difficile. Mon travail politique, dans le 11e arrondissement, me prend du temps.* »

Karen Taieb permit à Gad Elmaleh de s'élever, hors de sa portée, depuis un théâtre intime jusqu'aux plus grandes tribunes, laissant ici ou là quelques blessures.

8

DÉBUTS AU CINÉMA

Lorsque Gad Elmaleh jaillit sur la scène à la fin des années 1990, il dut se ménager une place, dans un paysage bien remuant et encombré. Plusieurs grands comiques venaient de disparaître en quelques années, Coluche, Desproges, Thierry le Luron, et une nouvelle génération se levait, représentative d'une France de plus en plus arc-en-ciel. Originaires du Maghreb, les nouveaux princes de l'humour commençaient à enchanter un public français encore peu familier de leur style. La statue du commandeur Élie Kakou plaisait, mais d'autres figures avaient depuis émergé, venues de cette Afrique du Nord mal connue et victime de préjugés, des comiques auxquels l'ancien pays colonisateur ne prêtait pas attention. En 1982, une émission porta sur les fonds baptismaux une vague appelée à remplir les salles et les diverses scènes du pays. *Le Petit Théâtre*, présenté par le journaliste et écrivain Philippe Bouvard sur Antenne 2, donnait sa chance à ceux qui souhaitaient faire du rire leur profession, et s'y précipitaient avec l'énergie et le rêve magnifique. À 19 h 45, chaque jour, des personnages mal dégrossis débarquaient, s'asseyaient au comptoir et proposaient leurs récits. Les Inconnus, Bruno Gaccio, futur auteur des *Guignols de l'Info*, Muriel Robin, Jean-Marie Bigard s'illustrèrent sous les caméras bon enfant de l'ancien journaliste. Parmi eux, un garçon venu d'Algérie, Smaïn, s'y ménagea une jolie tribune. Il resta toute une année sur le plateau. Né en 1956 de parents inconnus, il avait débuté à trente ans dans un petit café parisien, le Tintamarre. Ce qui définit les comiques maghrébins, comme lui et Gad, c'est leur admiration du burlesque américain, Keaton, Chaplin, Laurel et Hardy, dont ils ont étudié la gestuelle, la mécanique du gag, les expressions. Smaïn connut le succès avec son premier spectacle, *A Star Is Beur* (1986), inspiré du fameux film de George Cukor *A Star Is Born*. Il savait comment amuser la France, par l'autodérision. Il interpréta Scapin, issu de la farce de Molière, y insufflant un fort accent banlieusard. Il est le premier à avoir saisi tout le parti qu'il pourrait tirer de la confrontation entre la haute culture française et l'émigration (Gad sacrifiera aussi à cette efficace recette lorsqu'il relatera *La Chèvre de monsieur Seguin* d'Alphonse Daudet). « *Je suis arrivé au bon moment. J'ai bénéficié du nouveau regard sur les minorités... Maintenant, il s'agit de ne pas redescendre*[1] », dira Smaïn.

Depuis des années, la population ne connaissait de l'Afrique du Nord que cette charge caustique, en 1975, des humoristes Sophie Daumier et Guy Bedos qui avaient attaqué le racisme français, dans un célèbre sketch, *Vacances à Marrakech*. Ils interprétaient deux touristes déversant leurs préjugés. « *Il n'y a que des Marocains ici... Bon, les porteurs sont Marocains... Ça, c'est normal !* » Ce texte, mal compris, avait provoqué des rires parfois ambigus.

Quand Smaïn fit parler de lui, l'immigration maghrébine avait pris son envol. Elle succédait aux vagues précédentes européennes, portugaises, espagnoles... Près de deux millions de d'immigrants venus d'Afrique du Nord rejoindraient encore la France entre 1990 et 2003. La société française se tendait. Le chômage progressait, tandis qu'un parti, jusqu'alors confidentiel, commençait à occuper le paysage politique, le Front national, dont la thématique ne changerait jamais : « *Stop à l'immigration qui nous coûte 60 milliards par an !* » Chaque 1er mai, les télévisions suivaient et

1. *Envoyé Spécial*, France 2, 1994.

commentaient les défilés du Front, en hommage à Jeanne d'Arc, dans un climat anxiogène et violent. Le 1er mai 1995, les nervis au crâne rasé jetèrent dans la Seine depuis le pont du Carrousel, à Paris, un jeune Marocain, Brahim Bouarram. Cet assassinat suscita une vague d'émotion violente dans tout le pays, sans interrompre la progression du mouvement d'extrême droite. Lors de la campagne présidentielle de 1995, Jean-Marie Le Pen obtint 15 % des suffrages. Personne n'avait encore vu l'immigré de l'intérieur jusqu'à l'arrivée de Smaïn qui, écumant les cafés-théâtres, n'hésitait pas à décrire un Arabe raciste. Il croisera un autre comique, originaire de Tunisie. Michel Boujenah remplit aussi les salles, fier de son pays, capable de dire : « *Dieu a d'abord fait les Tunisiens* ». Il exploitait à son tour les stéréotypes, évoquant le sentiment d'étrangeté de l'immigré à travers le personnage d'Albert. Chacun propageait avec humour les clichés sur sa communauté, espérant se délivrer de personnages parfois encombrants. Une autre voix populaire, Popeck se moquait de l'avarice juive, Élie Kakou n'en finissait pas de torturer sa mère castratrice. Mais aucun de ces pionniers n'avait encore atteint une immense notoriété sur scène.

Lorsqu'il revint à Paris, en 1995, plein d'espoir et d'énergie, Gad Elmaleh ressentit certainement la tension d'une société en crise qui rejetait le métissage, et se refermait sur elle-même. La faconde, son sens de la répartie et de l'observation lui permettraient de convaincre le public… Son spectacle *Décalages* proposait une résonnance inédite, une thématique plus subtile, orienté vers le déracinement, le voyage, la découverte des autres cultures. Le public français accueillerait-il une voix différente ?

Cette fois, Gad se sentait moins étranger qu'à son arrivée deux ans auparavant. Son passage au cours Florent avait laissé des traces que l'on n'oublie pas facilement. Il transportait maintenant avec lui une cassette de ses spectacles au Canada, et n'hésitait pas à les montrer aux producteurs. Grâce à la référence de la vénérable école qu'il avait fréquentée, il intéressa assez vite le cinéma,

Ayant eu vent de son spectacle au Trévise, et parce qu'il savait de quoi était capable cet interprète de Figaro, son ancien professeur, Abdelkrim Bahloul, lui proposa de jouer dans son film à tout petit budget, *Les Sœurs Hamlet,* servi par des élèves du cours Florent (deux cent cinquante y figureront) payés au smic horaire comme de simples salariés. Il recruta Gad et une autre révélation, Boris Terral, deux « *hommes beaux et d'une si belle prestance*[1] ».

Gad présenta à la production une cassette en noir et blanc de son spectacle à Montréal. « *Je l'ai visionnée*, raconte Abdelkrim. *Et à la fin, je lui ai dit : tu n'as aucun souci à te faire. Dans deux ans, tu seras l'une des plus grandes vedettes de France.* » L'intéressé ne répondit pas. Il avait choisi le cours Florent pour accroître son exigence, percer les secrets du spectacle.

Abdelkrim ne put lui confier le premier rôle mais seulement la sixième place dans l'échelle de la distribution, loin derrière les deux actrices, Émilie Altmayer et une Bérénice Béjo débutante, âgée de vingt ans, qui serait un jour l'actrice consacrée du film oscarisé *The Artist*. Abdelkrim avait trouvé la comédienne, grâce à une collaboratrice, Carole Tresca. Assez sûr de lui, il ne s'étonne guère des noms alignés sur le générique des *Sœurs Hamlet*. « *Ce n'est pas de l'intuition. C'est un casting. Notre métier est de distinguer les bons comédiens, parmi cinq cents personnes. Si on se trompe, il vaut mieux arrêter le cinéma ! Émilie Altmayer a gagné sa place, et quand Bérénice Béjo est arrivée, elle se situait au-dessus des autres. Gilles Lellouche dit juste une phrase dans le film. Je ne le connaissais pas, mais en le découvrant, j'ai su qu'il en dirait bien d'autres et des plus importantes.* »

1. Entretien avec l'auteur.

Deux sœurs franco-algériennes vivent avec leur mère à Argenteuil. Un soir, elles décident de sortir en boîte, accompagnées d'un chaperon qui, pris d'un malaise, est emmené aux urgences. Elles ratent le dernier train et, sans argent ni possibilité de prévenir leur mère, errent dans les bistrots glauques d'un Paris nocturne et hostile. Gad et Boris jouent deux mauvais garçons résolus à s'en prendre aux filles. « *Ils étaient beaux tous les deux et représentaient le danger. Je leur ai dit, vous êtes au bar, vous apercevez deux filles mignonnes, et vous les draguez. Le jour du tournage, Gad est arrivé avec une guitare. Ce n'était pas prévu. Mais il a interprété son rôle en musique, et il a apporté un vrai plus. Formidable !* »

Tourné pendant l'été 1995, sur le boulevard Sébastopol, près des Halles, *Les Sœurs Hamlet* se voulaient un « film initiateur », débordant de jeunesse. Il ne sortit pas tout de suite, mais après l'autre film qui marque les débuts cinématographiques de Gad, *Salut cousin !*, et ne connut pas un grand succès. Si les critiques le repérèrent, elles ne se montrèrent pas d'un enthousiasme débordant. « *Pas de militantisme, pas de message sur l'injustice sociale dans cette chronique réaliste, sur fond de nuit parisienne, qui se démarque des films sur la banlieue*, écrit Dalila Kerchouche dans *l'Express*[1]. *En revanche, l'adolescence, ses doutes et ses futilités, ses méfiances et ses débordements affectifs lui donnent de la densité grâce, notamment, aux deux jeunes actrices, épatantes. Dommage cependant que le film s'égare sur d'autres personnages adultes beaucoup moins attachants...* » Gérard Lefort dans *Libération* ne se révèle pas plus indulgent : « *Abdelkrim Bahloul a voulu filmer la nuit urbaine et le manque affectif. Entreprise sympathique mais qui prend l'eau par tous les bouts et finit en guide de la prévention parentale pour adolescents dissipés. Les intentions n'étaient sans doute pas*

1. 9 février 1998.

celles-là, ce qui permet de tenir Les Sœurs Hamlet *pour un film objectivement raté*[1]. »

L'œuvre a disparu des écrans. Le parcours de Gad regorge de terres brûlées, de sacrifices. Abdelkrim espère qu'un jour une chaîne de télévision le diffusera. Il ne revoit plus Gad, parti sur une autre planète. « *Si je possède un jour sept millions d'euros de budget, je l'appellerai. Mais pas autrement.* »

Le film accédera à la prestigieuse Quinzaine des Réalisateurs à Cannes, et obtint le prix du Public à Cinestival de Marseille.

En 1995, Gad avait encore un long chemin à parcourir. Cette année marque le début d'une suractivité qui ne cesserait plus. Les fées du cours Florent semblaient enfin s'intéresser à lui et vouloir l'aider.

Les regards ne le quitteront plus.

1. 18 février 1998.

9

SALUT COUSIN !

Sa famille veillait aussi sur Gad. Elle l'aidait beaucoup, comme soutien et modèle. Dans cette France tourbillonnante, il commençait à s'imaginer un avenir, à entrevoir une place, un sillon à creuser. Après *Les Sœurs Hamlet*, il décrocha un deuxième film, obtenant une place bien plus avantageuse, même si l'œuvre ne disposait pas d'un budget tellement supérieur. Mais Gad prenait ce qu'on lui proposait.

Il fit la connaissance du réalisateur, Merzak Allouache, un proche d'Abdelkrim (tous deux collaboreront). Cet homme longiligne, plutôt timide, avait déjà réalisé quelques films, *Omar Gatlato* en 1977, sur les préjudices causés aux Algériens par la colonisation, et *Bab El Ouest City*, deux ans plus tôt. Tourné à Alger en clandestinité pendant le printemps 1993, il avait été accueilli avec une telle ferveur que le festival de Cannes l'avait sélectionné dans la catégorie Un Certain Regard, en 1994. Merzak espérait poursuivre l'histoire de son pays, à l'ombre des bombes et des attentats du GIA. Il songeait à dépeindre l'errance de ses compatriotes exilés, en confrontant le « rat des villes et le rat des champs », l'Algérien de Paris et celui d'Alger. Son projet devait intégrer une série de courts métrages, *Paris vue par...*

Merzak commença à travailler avec une jeune scénariste, Caroline Thivel, qu'il avait rencontrée par l'intermédiaire d'un ami producteur. Nous retrouvons dans un café, à Denfert-Rochereau, cette femme souriante, à l'ample chevelure rousse, née en 1959 à Valence. Elle a navigué comme assistante ou stagiaire dans l'univers de grands cinéastes, Rohmer, Rivette, sautant d'une occasion à l'autre, au gré des rencontres... « *Il cherchait une scénariste*, raconte-t-elle. *J'étais débutante, et j'ai commencé à l'interroger. Je venais d'effectuer un stage de comédie inspiré de la méthode Jack Garfein style Actors Studio, où l'acteur doit se poser toutes sortes de questions sur le personnage : qu'a-t-il dans ses poches ? etc... Ce stage aide à écrire. Merzak a bien aimé les précisions que je lui demandais. Je me rappelle d'un homme timide, bosseur. Il voulait écrire tout seul, mais je l'inspirais par mes questions.* »

À force de méditer sur l'histoire, le récit s'étoffa, et le court-métrage *Paris vue par* devint un film intitulé *Salut cousin !*. Merzak avait étudié le profil de nombreux jeunes candidats, avant de s'arrêter sur la photo de Gad Elmaleh, et de noter son passage au cours Florent. Il pensa à lui pour le rôle principal. Ce physique régulier, ses yeux rieurs l'avaient convaincu.

Salut cousin ! raconte les aventures d'un Algérien envoyé à Paris pour récupérer une valise pleine de vêtements. Il séjourne chez son cousin à Barbès, mais ne peut s'acquitter de sa mission car il a perdu l'adresse. Il devra se débrouiller pour retrouver la marchandise. L'histoire s'écoulera entre la hantise de l'étouffante vie en Algérie, et la dureté de Paris. Les premières scènes reprennent l'idée d'Alfred Hitchcock qui avait filmé les pieds des personnages au début de *L'Inconnu du Nord-Express*. Il ne s'agit pas de belles Weston noir et blanc, mais de baskets en couleur. « *Je ne t'ai pas reconnu. T'es habillé comme un Américain. La classe !* » Le cousin de Paris emmène Alilo (Gad) dans le quartier de Belleville. « *Tout le monde rêve de vivre ici.* » Merzak évoque le mal-être du déracinement : l'Algérien de Paris ne songe qu'à capter les chaînes de télévision de son pays, alors que l'autre, venu d'Alger, aspire à s'imprégner de culture française. Nous ne voyons aucune image d'Alger, dont les tourments, le chaos secouent la capitale française, filmée, comme l'écrira *Télérama*, par une « *caméra indolente, entre quiproquo boulevardier* [la visite à la famille], *vaudeville* [un faux mariage] *et roman-photo* [l'idylle naïve entre Alilo et Fatoumata[1]]. »

Gad se dit fier de ce premier premier rôle. « *Cela fait du bien* », répéta-t-il, conscient du défi proposé. Comment jouer un Algérien, lui le Marocain ? Le pays voisin offre plus d'acteurs sanguins, à la dérive, déterminés à évoquer la tragédie terroriste. Gad parlait l'arabe marocain, et s'acharna à travailler les intonations algériennes, heureux d'incarner, disait-il, « *le grand Maghreb qui avance* ». Il connaissait déjà bien ces rôles d'êtres humains déracinés, en quête d'idéal, voyageur, comme eux, garçon des ports, et des mers jamais immobiles. Qui est cet Alilo, sinon lui-même, lourd de ses souvenirs et de ses espoirs, lancé au cœur de métropoles inconnues dont il avait rêvé ? Lui aussi a atterri à Paris, hagard, les yeux étonnés, chargé d'un bagage énorme, résolu à se servir de ses propres figures pour son œuvre *Décalages*, espérant que la critique ne se méprendrait pas sur le message qu'il souhaitait transmettre.

Merzak ne tenait pas à évoquer les Beurs, ou les cités. Il voulait traiter de l'intégrisme, et de ses répercussions sur la société française. « *Après* Bab El-Oued City, *mon retour à Alger était devenu momentanément impossible* », raconta-t-il, dans le dossier presse du film. « *Pourtant le désir de filmer, de continuer à témoigner de l'Algérie, par tous les moyens restait vivace. En France, je découvrais chaque jour, lors des multiples débats que j'animais, combien il est difficile pour les Français de mesurer l'incroyable distance qui sépare des frères, des cousins vivant des deux côtés de la Méditerranée.* Salut cousin ! *est comme une trêve, plus proche de la comédie que*

1. 20 novembre 1996.

du drame, qui est pourtant là, tout près. Alilo est fasciné par Paris, par l'extrême liberté d'agir, de regarder, de toucher, d'aimer. »

Une très belle scène, poétique, éclaire l'œuvre, lorsque les deux cousins, sur une mobylette, s'envolent et survolent le quartier, comme emportés par un tapis magique. Gad ne s'attendait sans doute pas à marquer l'histoire avec ce joli petit film, mais l'ambiance du plateau le séduisit, et le résultat l'enchanta, d'autant que la critique – et nous le verrons, elle ne sera pas toujours tendre – louangea l'œuvre. « *Gad Elmaleh, franchement irrésistible, droit sorti de Chaplin par ses attitudes, sa gestuelle, ses regards*[1]... » put-on lire dans *Les Cahiers du Cinéma*. *Le Monde*, sous la plume de Jean-François Rauger, partagea les avis favorables : « *L'humour n'empêche pas la description précise d'un Paris très actuel. L'évocation d'une survivance de ces petits îlots populaires que représentent encore quelques antiques et minuscules morceaux de quartiers parisiens, condamnés à disparaître à brève échéance. La tentation d'un misérabilisme sociologique est toutefois déjouée de façon très amusante. Mokrane*[2] *est un mythomane qui, lorsqu'il évoque sa famille, décrit une accumulation de toutes les misères possibles (père au chômage, frères drogués ou en prison, sœur prostituée), jusqu'à ce qu'Alilo découvre, au cours d'une scène hilarante, que les intéressés constituent, en fait, un modèle d'intégration et de réussite sociale*[3]. »

L'autre grand journal cinéphile *Positif* se montre plus acerbe, trouvant au contraire dommage que Merzak Allouache n'ait pas pris son sujet plus au sérieux. Le journaliste reconnaît cependant la réussite de certaines scènes, capables de se hisser par moments au niveau de la regrettée comédie italienne[4]. Aussi intéressant

1. N° 508 décembre 1996.
2. Le cousin de Paris joué par Messaoud Hattou.
3. 20 mai 1996.
4. Août-juillet 1996.

demeure le portrait mitigé que le quotidien *Libération* dessinera de Gad Elmaleh dix ans plus tard, en se référant à ce jeune *cousin* : « *Pas besoin d'invoquer le progressisme de Merzak Allouache, l'un des seuls bons cinéastes algériens (avec Brahim Tsaki, prince du désert, et Zemmouri, le mendiant de Paris, qui sont encore meilleurs), pour vendre ce joli film inattendu qui ne se laisse pas oublier. Pas à cause de la performance insolite de Gad Elmaleh (qui n'a cessé depuis de décevoir les* goys *de France et d'ailleurs dans son rôle convenu de maître de cérémonie, mi-Baer, mi-de Caunes) : il étonne à peine dans un rôle de blédard abruti, porteur de valise malgré lui. Naïveté ou crétinerie, on ne saura jamais*[1]. »

En revanche, Louis Skorecki rend hommage à l'autre acteur, Messaoud Hattou, qui interprète le dealer parisien, ce jeune « *Michel Simon* », et se demande ce qu'il devient.

L'année 1996 aura frappé les trois coups de l'ascension vertigineuse de Gad Elmaleh. Il reçut de nombreuses propositions, dut choisir entre deux « comédies de textile » situées dans le milieu du Sentier à Paris, *La Vérité si je mens* de Thomas Gilou, et *XXL* d'Ariel Zeitoun. Si les deux projets le tentaient diablement, il opta pour *XXL* à cause de la présence d'un comédien qu'il rêvait de défier : Gérard Depardieu !

Gad s'apprêtait à faire son entrée dans le grand monde du cinéma.

1. Louis Skorecki, 3 juillet 2006.

10

« TU NE VAS PAS LE CROIRE ? MICHEL DRUCKER EST LÀ ! »

En un peu plus d'un an, il enchaîna un troisième film, avec cette thématique judéo-maghrébo-pied noir qui séduisait le cinéma français. *XXL* d'Ariel Zeitoun possédait un budget supérieur aux deux autres. Gad y croisa le pionnier de l'humour maghrébin Michel Boujenah, et la star incontestée, Gérard Depardieu, ainsi que la grande actrice italienne, âgée de soixante-dix ans, Gina Lollobrigida. Le film se déroulait dans une boutique du Sentier, tenue par un commerçant juif. Gad ressentit beaucoup d'appréhension, à l'idée d'interpréter sa première scène avec Depardieu, « l'homme aux 170 films ». Un moment de tension dans un bar opposait les deux hommes, presque cent films d'un côté, deux de l'autre. Gad devait s'énerver, et lancer à l'ogre du cinéma français : *« Me prends pas la tête ! »* Il n'y parvint qu'au prix de grandes difficultés. Ariel Zeitoun dut recommencer plusieurs fois la prise. Depardieu le rassura. *« Allez ! On va bien s'amuser tous les deux ! »* Et Gad réussit à prononcer sa phrase.

La critique n'aura pas plus d'indulgence pour une œuvre jugée « lourde », et *XXL* ne remporta pas de grand succès public.

Avec ces échecs, Gad comprenait la difficulté de réussir au cinéma, malgré les propositions qui s'accumulaient. Son profil continuait en effet d'intéresser des réalisateurs. Pourtant, il n'envisageait son destin qu'en solo, avec la maîtrise de ses choix, conscient des règles et des limites auxquelles l'astreignait le 7e art.

Il avait l'impression de ne pas être complètement lui-même à l'écran, condamné à interpréter des personnages plutôt sérieux (ou du moins en retenue), jusque dans les comédies. Une force en lui débordait, qu'il retrouvait sur scène. Il avait besoin de créer ses personnages, de mettre en scène son propre univers. Ses plaisanteries, ses mimiques, son sens de la formule plaisaient.

Il sortait, tentait de séduire les producteurs, en demande de snipers[1], fabricants de vannes, et autres trublions culottés. C'est ainsi que les habitués d'Europe 2 entendirent un matin un étrange auditeur à l'accent prononcé. L'animateur Arthur s'avoua surpris par le délire de cet invité imprévu. Une drôle de voix les réveilla à 6 h 30. L'interlocuteur, un jeune Marocain, disait se nommer Momo Zemio. Il avait épousé une Française, mais sa chère femme s'était enfuie après l'avoir dépouillé. Il se plaignait, gesticulait, voulait la retrouver. Gad Elmaleh venait d'entrer par effraction dans l'univers d'une nouvelle radio. La faconde et le jeu comique, de ce garçon originaire de la même région que lui, intriguèrent Arthur. L'un avait déjà entamé sa carrière d'artiste, l'autre, bien installé dans les médias, rêvait secrètement de le devenir. Leur lien se consolida autour des origines, de la passion de la scène et de l'humour. Arthur avait réuni quelques espoirs de la tchatche et du divertissement, Tex, Gustave de Kervern, Axelle Lafont… Il se souviendra longtemps d'une virée à Casablanca. Gad avait organisé un voyage sentimental dans l'ancienne maison des parents d'Arthur. Il récupéra l'adresse et emmena l'animateur jusqu'à une porte sur laquelle il tambourina légèrement. Une dame ouvrit. Les deux hommes expliquèrent les raisons de leur visite, Gad raconta la vie d'Arthur, son parcours en France, et son désir de revenir sur les lieux de son enfance. La dame les accueillit avec beaucoup de

1. Mot dérivé du langage militaire, qui signifie tireur d'élite, désigne aussi un spécialiste de la vanne, coupant les conversations par des interventions courtes et drôles.

chaleur, leur offrit thé, boissons, douceurs. Ils prirent des photos, et rentrèrent à Paris. De retour, Arthur rapporta à sa mère ses impressions, mais une question l'étonna : « Qu'as-tu pensé de la terrasse ? Comment est-elle ? L'as-tu aimée ? » Arthur ne comprit pas. « Quelle terrasse ? Je ne l'ai pas vue ! » Gad et lui s'étaient trompés de maison. Ils avaient conversé pendant près de deux heures avec une inconnue dans une demeure étrangère, juste en face de celle où Arthur avait effectivement passé son enfance… Comme dans un sketch.

Son rôle de faux auditeur surprit et plut. Se remémorant la brève période de Radio Shalom, Gad s'adonna aussi aux canulars téléphoniques. Il appelait un inconnu et lui récitait la chanson de Daniel Balavoine, *Le Chanteur*, sans dévier d'une ligne. *« Allô, je m'appelle Henri… Je voudrais bien réussir ma vie, être aimé, être beau, gagner de l'argent.* […] *Je suis chanteur…* » La situation absurde et la réaction de l'interlocuteur à l'autre bout du fil, obligé d'écouter cette profession de foi qui ne rimait à rien, provoquaient l'hilarité. Gad souhaitait embrasser une carrière dans toute sa variété, comique ou acteur, à l'image des artistes de sa trempe. La scène restait son phare. Il avait quitté le théâtre de Trévise et Karen Taieb pour grandir, développer son public. Une atmosphère de curiosité l'entourait. Il avait vingt-six ans.

Il ne perdait pas de vue son « œuvre », peaufinait son spectacle *Décalages*. L'ancienne professeur Isabelle Nanty avait accepté de le mettre en scène. L'autorité équilibrée de la jeune femme et son perfectionnisme parachevaient la construction du spectacle. Elle trouva un artiste changé, beaucoup plus précis. Les deux collaborateurs réécrivirent des passages et échangèrent leurs idées.

Avec un tel attelage, Gad pouvait difficilement passer inaperçu dans une France en plein renouveau artistique. Les salles parisiennes commençaient à lui faire les yeux doux. Quand il vit, parmi les belles courtisanes, le nom du Palais des glaces, il s'enthousiasma.

Le nouveau patron de ce lieu prestigieux, Jimmy Lévy, pensait que le prodige constituerait une superbe affiche, exactement ce qu'il lui fallait. Né à Tanger, en 1953, ce producteur élégant venu d'un monde à mille lieux du spectacle avait la discrétion du protestant genevois. Il avait suivi ses études dans une école calviniste, d'où il était ressorti nourri de philosophie, d'art, de littérature. L'homme des cafés, des conversations nocturnes enflammées, avait contracté le virus de l'humour en observant ses amis « faire les pitres »... Il aura toujours porté haut cet esprit d'étudiant, jeune et frondeur, décidé à réussir à Paris. Ses débuts de producteur remontaient à la décennie précédente, en 1982, avec un premier spectacle à la Gaîté Montparnasse où il présentait un comique, Michel Lagueyrie, sans succès. La route avait été longue, puis l'arrivée du *Petit Théâtre* de Bouvard, et la main mise de la télévision sur le spectacle vivant l'avait aidé à devenir ce « marchand de comiques », comme il se définirait lui-même. « *J'ai un pif qui me permet de repérer la folie particulière d'un comique*[1]. » Cet homme secret profitait enfin de l'intérêt que le public témoignait aux amuseurs qui envahissaient médias, journaux et salles de spectacles. « *Ce qui m'intéresse le plus dans le rire,* ajoutera-t-il, *c'est son caractère forcément irrespectueux et cruel. Je ne suis pas croyant, donc c'est simple pour moi de dire ça mais Dieu n'est pas drôle du tout. Surtout depuis l'invention des religions monothéistes. Quand les textes religieux font l'éloge des héros et de la joie qu'ils inspirent, c'est sinistre. Du coup, je crois vraiment que rire a quelque chose du déni de Dieu. Et pas seulement : il dépasse le divin, mais aussi la politique, l'éthique et même le sexe. Essayez de rire et baiser en même temps.* » Il regrettera un rire édulcoré. « *Quand le bouffon baise la main du roi, il n'est plus rien.* »

Le rire devenait une soupape, un art populaire. Ses serviteurs plaisaient à la télévision, et le cinéma s'apprêtait à leur donner des

1. *Libération*, 13 août 1988.

habits de héros. Contrairement à beaucoup d'autres, Gad Elmaleh ne s'était pas révélé d'abord devant les caméras, mais sur scène, à l'ancienne.

Le 3 septembre 1996, il s'afficha au Palais des glaces, au 37 rue du Faubourg-du-Temple, autrefois sanctuaire de la chanson depuis 1876. Nina Simone, les Clash, et d'autres groupes punk s'y étaient produits, puis le lieu avait fermé pendant trois ans, avant d'être repris par les créateurs de one-man-show.

Gad succédait à un duo populaire, Élie et Dieudonné, à Pierre Palmade, à une vague insolente de raconteurs de scène, de portraitistes qui déferlaient sur le pays. Le trésorier du Palais put se frotter les mains de satisfaction car le public se pressa aux portes de la salle pour découvrir le nouveau venu. Gad avait invité, sans y croire, Michel Drucker qui répara son erreur du Trévise, et fit une apparition. Ému, enthousiaste, l'artiste appela aussitôt sa mère, à Casablanca. « *Tu ne vas pas le croire ? Michel Drucker est là ! Tu te rends compte ? Ce n'est pas une blague.* » Afin de prouver qu'il disait vrai, il demanda au créateur d'émissions sur canapé de dire quelques mots au téléphone. « *Tu vois, ce n'est pas une blague !* »

Il flottait, s'imaginant déjà sur le tapis rouge de France 2. Mais sa plus belle satisfaction fut l'accueil des spectateurs qui s'enthousiasmèrent de sa parodie de Goldorak, d'après le célèbre dessin animé japonais, souvenir de ses jeunes années. Dans son émission *Tout le Monde en Parle*, Thierry Ardisson demanderait à Gad : « *Croyez-vous au pouvoir magique de Goldorak ?* » Et l'artiste répondrait : « *Oui, sinon, je ne serais pas sur ce plateau ce soir*[1] *!* » La créature japonaise fut une sorte de porte-bonheur.

Le personnage du grand-père et les différents caractères brossés ici ou là plurent à l'audience. Gad s'adonnait à un humour local, jeté dans un arabe littéraire destiné à un public composé pour une

1. 25 novembre 2000.

grande part de Marocains et d'Algériens qui avaient également grandi en regardant les aventures du héros de Manga. Quelques Français écoutaient, étonnés, presque amusés par un sketch incompréhensible. Ils goûtaient aussi la figure candide de David Bensoussan, inspiré *des Lettres persanes* de Montesquieu, où un Persan, en visite à Paris, se livrait à des réflexions naïves et de bon sens sur la culture occidentale. Il proposait une relecture bouffonne, « bledarde » de la *Chèvre de monsieur Seguin*, le fameux conte d'Alphonse Daudet, espérant rallumer un imaginaire collectif. « *J'veux aller gambader, j'veux plus rester attachée !* » Il évoquait aussi le grand-père confronté à la civilisation McDo. Son sens de l'improvisation, ajouté à l'accent du bled et à l'air ahuri qu'il donnait à ses créatures, faisait merveille. Son œuvre naissante tournait le dos aux chansonniers politiques, à la satire, pour butiner dans les lectures de notre enfance, les histoires, et s'élever au niveau d'un La Bruyère maghrébin flottant au milieu de ses personnages.

La critique, ébahie, découvrit l'homme et l'artiste. « *Un grand Poucet aux yeux bleus et aux cheveux bouclés laisse des petits cailloux partout où il passe : à Montréal, où il émigre ; à Paris, où il vient apprendre le théâtre ; au Maroc, sa terre natale qui l'accompagne où qu'il aille. Le récit de cet itinéraire, doublé d'une initiation à la vie et aux planches, est drôle, bien joué par Gad Elmaleh, qui passe de la tendresse à l'ironie avec beaucoup d'allant* », écrivit Véronique Jacob dans *L'Express*[1].

La France commençait à tomber sous le charme du grand Poucet aux yeux bleus.

1. 5 septembre 1996.

11

À LA RECHERCHE D'UN GRAND RÔLE

Il travaillait beaucoup, mais la notoriété tardait à venir, et il se montrait impatient. Sa vie privée ne décollait pas non plus. Il aimait séduire, sans parvenir à accrocher une belle épouse qu'il attirerait selon son vœu, grâce à l'humour. Il expérimentait ses plaisanteries dans la rue, comme ce jour de beau temps où, se promenant boulevard Saint-Germain, il aperçut une très jolie femme assise à la terrasse d'un café. Elle buvait une menthe à l'eau avec une paille de manière gracieuse. Il trouva la scène jolie, et souhaita s'y glisser, aborder l'inconnue, mais ne savait comment s'y prendre. Des amis n'auraient pas hésité à franchir le pas, et la rencontre se serait terminée pas un dîner. Surmontant sa timidité, cette fois, il se dirigea vers la belle inconnue, et s'assit à sa table, l'air essoufflé : « Je suis désolé ! Excuse-moi pour mon retard ! Ça roulait super mal ! Mais voilà ! Je suis là ! C'est bon… Tu ne m'en veux pas ? » La jeune femme le regarda d'un air froid. « Je pense que vous vous trompez car je n'avais rendez-vous avec personne. » Il comprit qu'elle n'avait pas d'humour, et quitta la scène. La même plaisanterie marchera plus tard avec une autre belle créature.

Son visage devenait un peu plus familier. Les scripts arrivaient, portant des signatures plus qu'honorables. Éric Rochant, l'auteur du cultissime et générationnel *Un Monde sans pitié* (1989), lui proposait de jouer dans son film *Vive la République*. Ce projet lui permettrait d'échapper enfin au personnage du « Marocain rigolo de service » qui lui collait à la peau.

L'histoire de ces jeunes chômeurs du Mans qui décident de fonder un parti politique l'attira, même s'il y interpréterait probablement l'Arabe de service. Mais bon ! Son rôle, orphelin, ancien toxicomane, portait un nom bien français, Yannick. Aure Attica et Hippolyte Girardot tenaient le haut de l'affiche.

Il eut du plaisir à participer à cette comédie qui, là encore, ne trouva pas vraiment grâce aux yeux de la critique. « *On attendait mieux d'un cinéaste de la génération des pétitionnaires anti-loi Debré que cette gentille caricature du militantisme* », lut-on dans *Les Inrockuptibles*[1].

Gad abordait encore le cinéma avec une certaine distance même si l'atmosphère familiale des tournages l'amusait, comme une récréation à son travail solitaire. Sur les plateaux, il mettait une bonne ambiance, il souriait, imitait ses proches, et les stars. En mouvement perpétuel, Gad rendait service, touchait à tout. Était-il comédien ? Tragédien ? Animateur ?

Son activité, à l'écran, ne diminua pas pendant l'année 1998, malgré des rôles plutôt modestes. Il tourna deux films, *Train de vie* de Radu Mihaileanu et *L'Homme est une femme comme les autres* de Jean-Jacques Zilbermann. La première œuvre traite de la Shoah sur un ton satirique : une population se déporte elle-même en train, espérant échapper à la mort, un film dans l'esprit du *To Be Or Not To Be* de Lubitsch. Gad apparaît tout en bas du générique (10e position), mais ce scénario provocant, proche aussi de *La Vie est belle* de Roberto Benigni, ne pouvait que lui plaire. Le second film a laissé plus de traces, en raison de son titre original et du casting. Antoine de Caunes, dans la peau d'un musicien juif homosexuel, tenait le haut de l'affiche, avec Elsa Zylberstein, devant un Gad encore discret. La presse ne jugeait pas utile de prédire la naissance d'un futur grand acteur. Il n'ignorait pas les

1. « Vive la République », Vincent Ostria, 30 novembre 1996.

obstacles à franchir. Peu de grands comiques de la scène avaient réussi à l'écran. Fernand Raynaud échoua, Coluche sauva la face grâce à *Tchao Pantin*. « *Cela vient probablement du fait qu'ils ont construit un personnage caricaturé, et que lorsqu'on est habitué à être seul en scène, il est difficile de jouer avec les autres*[1] », analysera le comédien et réalisateur Gérard Jugnot.

Gad avait conscience du problème, mais se sentait prêt à endosser des personnages de second plan, en attendant mieux. Il se prenait à rêver que le cinéaste italien Nanni Moretti, l'auteur du merveilleux *Journal intime*, l'appelle. Il envisageait peut-être déjà de réaliser ses propres films. Les producteurs ne misaient pas encore sur lui, tout en appréciant son physique, sa manière de bouger, ses initiatives.

Pendant qu'il affûtait ses armes, le film dans lequel il aurait pu jouer connut un succès inattendu, *La Vérité si je mens* de Thomas Gilou, avec des acteurs réputés, Richard Anconina, Richard Bohringer, et celui qui l'avait remplacé, Vincent Elbaz. Le public avait aimé ces mésaventures de petits commerçants du Sentier aux accents exotiques. Gad s'était trompé. L'histoire du cinéma regorge de mauvais choix. *XXL* avait été un échec, mais il y avait croisé Depardieu, et ce plaisir nourrissait ses souvenirs.

Il espérait rejoindre l'équipe car des suites étaient annoncées, et la construction éclatée des récits convenait à l'auteur de *Décalages*.

Mais c'était d'abord en adepte du one-man-show qu'il devait continuer à travailler dur, à progresser, car la popularité de son spectacle ne cessait de croître. Il ne pouvait se contenter du succès et devait poursuivre ses recherches, inventer de nouveaux sketches. Le public se montrait de plus en plus volatile, tenté par de nombreux jeunes comiques de talent. Une bourrasque soufflait sur le paysage médiatique. Canal + avait décidé de pousser

1. *Femina*, 15 décembre 2014.

l'ami de Gad, Jamel Debbouze, destiné à nourrir l'usine comique de la chaîne cryptée, après le départ des Nuls. Il intervenait dans l'émission *Nulle Part Ailleurs*, et avait intégré l'équipe de la sitcom *H.*

Le succès du gosse qu'il avait croisé au Trévise quelques années plus tôt réveilla Gad, sévèrement secoué par la nervosité, les éclats d'un Jamel intenable.

Le cadet proposa à Gad de former un duo dans son show de Canal +. Leur association sembla plaire. *Libération* remarqua l'attelage : « *Et malgré quelques sketches poussifs et convenus qui tirent sur les vieilles ficelles des Nuls et des Inconnus (parodies de* Star Wars *ou de jeux télé), le tout est plutôt bien emballé, adapté au débit nerveux et aux poilantes approximations de Jamel, qui s'est trouvé pour l'occasion un partenaire largement à sa hauteur en la personne de Gad Elmaleh. Car, si les interventions solo et "eddie-murphyesques" du petit tchatcheur à la langue pas trop de bois sur Joey Starr ("Il a des bouts d'hôtesse de l'air entre les dents") ou déguisé en "BernarNenryLévy" sont bien évidemment tordantes, c'est avant tout son numéro de duettiste avec Elmaleh qui emporte de très loin le morceau, en particulier leur imitation de Faudel et Cheb Mami reprenant les grands succès de Notre-Dame de Paris*[1]. »

Peut-être pensaient-ils recréer le duo Jerry Lewis – Dean Martin ? Gad ne se sentait pas spécialement à l'aise aux côtés de Jamel qui, plus jeune et fou, conduisait l'attelage. Il ne pensait pas poursuivre longtemps ce genre d'associations, préférant la solitude.

Devait-il s'inquiéter ? De plus en plus visible et attachant, il cherchait un grand rôle. L'argent commençait à affluer, et les femmes papillonnaient autour de lui. Quelque chose l'empêchait de croire pleinement à ce qui lui arrivait. Il s'aperçut de son pouvoir d'attraction, en séduisant la comédienne Marie Gillain,

1. « Marrant show pour le millenium », Hugo Cassavetti, 31 décembre 1999.

l'actrice du film *L'Appât* de Bertrand Tavernier. Il charma Marie Fugain aussi, la fille du chanteur, puis la violoncelliste Sabine Lagarde, noms égrenés, comme une litanie de belles amours éphémères. Personne n'en saura vraiment rien. Les femmes attirées par Gad partagent toutes le goût du secret et beaucoup de pudeur. Il ne parvenait pas à se sentir bien dans une relation. Au bout d'un moment, il créait le conflit, se servait de conversations vieilles de plusieurs mois pour alimenter la querelle. Il étonnait ses amantes en montrant soudain tant de susceptibilité. Et il finissait par dire : « *De toute façon, deux comédiens ensemble, cela ne marche jamais !* » Il souffrait de provoquer une certaine douleur chez ces femmes qu'il qualifiait d'innocentes. Il s'absentait et oubliait sa fiancée. « *Moins je vois l'autre, moins j'ai envie de la voir,* affirmera-t-il. *Moi, j'aime le couple : kiffer ensemble, voyager ensemble, faire péter un costard, aller au resto, être curieux, aller acheter des pompes. Par contre, je n'aime pas faire la fête en couple. Ça ne m'éclate pas. Si je vais en boîte, c'est pour faire le cake à fond avec les copains, les conneries, les nanas*[1]... »

C'est à peu près pendant cette période qu'il rencontra son premier grand amour, une jeune comédienne au doux visage, Anne Brochet.

1. *Paris Match*, 13 mars 2003.

12

TOUT CONTRE ANNE

Gad se battait pour obtenir des missions intéressantes capables de le rapprocher des projecteurs. Même régulière, sa présence au cinéma demeurait encore trop timide à son goût. Il prit un agent, Jean-Marc Ghanassia, qui ne s'épargna aucun effort, frappa à la porte des théâtres là où personne n'attendait l'auteur de *Décalages*. Gad y décrocherait plus facilement un premier rôle. Son passé au cours Florent l'aiderait à convaincre les décideurs.

Ghanassia finit par trouver la bonne ouverture, au théâtre Fontaine. Une pièce se montait, écrite par l'auteur anglais humoristique Patrick Marber, *Tout contre*[1], une œuvre méconnue que le cinéaste Mike Nichols populariserait en la portant à l'écran en 2004 sous le titre *Closer, entre adultes consentants*, avec Julia Roberts et Jude Law. Un adaptateur, Pierre Laville, l'avait proposée à un vieux routier du théâtre – depuis les années 1970 –, Patrice Kerbrat qui avait mis en scène des auteurs prestigieux comme Harold Pinter, August Strindberg, et Yasmina Reza...

Il restait à choisir les quatre comédiens, deux couples, chargés de donner vie à ce marivaudage dans l'amour et le mensonge. Caroline Silhol et Jean-Philippe Ecoffey furent les premières recrues. Anne Brochet arriva naturellement sur la place malgré les petites réserves de Patrice Kerbrat qui la jugeait un peu trop âgée pour interpréter Alice et ses vingt printemps. Mais le théâtre

1. *Closer*, Londres, 1997.

préfère l'expérience à la jeunesse. Pour le quatrième partenaire, le nom de Sagamore Stévenin, comédien novice, effleura les lèvres des producteurs, avant que le coup de fil de Jean-Marc Ghanassia, emporte la décision. Kerbrat ne s'opposa pas à l'engagement de Gad Elmaleh. « *J'ai l'habitude de faire confiance* », confie cet homme dans son chaleureux appartement de l'Opéra, un paquet de cigarettes à portée de main. « *Je ne le connaissais pas du tout. Sa notoriété restait encore assez communautaire*[1]. »

Anne Brochet n'était pas tellement plus célèbre malgré des rôles marquants à l'écran, avec *Masques* de Claude Chabrol en 1987, et Roxane dans *Cyrano de Bergerac*, en 1990. Née dans la petite ville d'Amiens, elle était discrète, presque romantique. Gad eut l'impression d'approcher une véritable artiste de l'écran, issue comme lui du cours Florent. Elle avait dit un jour : « *Je peux tout quitter pour le grand amour* ». Anne Brochet possédait un certain mystère de femme en perdition, selon le journaliste de *Libération* Luc Le Vaillant. Elle n'aura jamais été une grande star, bien loin de Sophie Marceau ou dans un autre genre, de Sandrine Kiberlain, préférant les sentiments profonds à la carrière, capable de pleurer lors d'une émission de télé à l'évocation de sa maison d'enfance. Elle avait beaucoup voyagé, et vécu quelques années à New York. Elle était mère d'une petite fille, Josepha, dont le père semblait s'être envolé.

Patrice Kerbrat prit du plaisir à diriger Anne Brochet, alors qu'il nourrissait quelques doutes à son égard. « *Elle peut être une actrice absolument miraculeuse. Elle a une présence, une singularité, une discrétion dans l'invention. Mais elle est irrégulière. Si elle n'a pas envie de jouer, elle livre une copie qui n'est pas au niveau de ce qu'elle arrive à produire certains soirs. Les critiques reprochaient autrefois aux très grandes actrices l'irrégularité. Ah si tu avais vu une*

1. Entretien avec l'auteur.

telle dans Phèdre. *Bon, d'accord, elle ne jouait pas le premier acte, ni le deuxième, mais alors, dans le troisième, elle était prodigieuse.* » Mais s'il passa quelques nuits difficiles, ce fut beaucoup la faute du dernier arrivé. Gad le déçut. Les répétitions, qui se déroulèrent dans les théâtres du Rond-Point et Fontaine, ne le rassurèrent pas vraiment. L'auteur de *Décalages* jouait Dan, le rôle que reprendrait Jude Law face aux caméras de Nichols. « *Je l'avais déguisé en BCBG, un peu empêtré dans son corps, ses désirs. Je lui proposais un univers qui n'était pas le sien. Le théâtre n'a rien à voir avec le one-man-show. Les deux disciplines sont à l'opposé. Les artistes de one-man-show ne sont pas forcément des acteurs admirables. Ils interprètent une extension d'eux-mêmes, cultivent l'image qu'ils se sont fabriquée et souhaitent offrir au public.* » Patrice Kerbrat jugea le jeu de « son » Dan timoré, en dedans, conscient qu'il devrait lui enlever sa peur, comme souvent avec les acteurs. « *Il me paraissait intimidé. Ça n'allait pas du tout ! Les jours, et les semaines passaient, et il n'arrivait pas à trouver le ton juste. Tout le monde était très patient autour de lui, même s'il ralentissait le travail. L'un des acteurs m'a dit. "C'est un peu dur de jouer avec lui !" Un jour, au bout d'un mois quand même, il était tellement en dessous de tout que j'ai décidé de lui parler. On a pris un verre ensemble. Et il m'a fait cette déclaration stupéfiante : j'ai l'impression que tu ne m'aimes pas ! Il pensait que je ne l'aimais pas. Son agent l'avait proposé, et il n'avait passé aucune audition… Il a dû croire que je n'étais pas d'accord. Pourtant, c'était de ma part une marque de confiance. J'ai répondu que ce n'était pas vrai, je l'ai rassuré. Je sais que les acteurs ont besoin d'amour… Vous savez, j'ai monté près de soixante pièces en France et à l'étranger, mais là, il s'est passé un phénomène que je n'ai jamais vu de toute ma carrière : d'une minute à l'autre, le soir même, j'ai découvert un autre acteur ! Il s'était transformé. Incroyable ! Il est devenu très bon !* »

Il trouvera même Gad plus régulier qu'Anne. À la question « quelles sont ses grandes qualités ? » Patrice Kerbrat hésite : « *Je ne sais pas...* » Il réfléchit, puis lâche : « *Ses grandes qualités, en fait, on ne les voit pas. C'est l'impact qu'il a sur l'assistance. Il avait déjà un public, souvent des jeunes filles. Vous savez, à la Comédie-Française, ces fans qui venaient pour les yeux des acteurs se faisaient appeler les "Pisseuses".* (Il rit). *C'est important d'avoir les femmes car elles forment le gros de l'audience au théâtre. Elles y traînent leurs maris. Elles furent nombreuses à venir voir* Tout contre, *une pièce plutôt austère, si on y pense.* »

Sur l'affiche, aucun nom ne dominait, même si Gad, sans être encore une star, contribua largement à remplir la salle, livrant une prestation convaincante. Il demeura fidèle au texte, très discipliné. Jamais l'envie ne le prit de s'en éloigner, contrairement à Ecoffey, plus fantaisiste.

Une amitié se noua entre eux. Gad et Ecoffey, qui menaient alors une joyeuse vie nocturne, entraînèrent Kerbrat dans les boîtes de nuit, au Bus Palladium, à côté du théâtre. « *Ils savaient que je détestais ce genre d'ambiance car on ne peut pas parler, et il y fait chaud, et ça les amusait de me voir là !* »

Kerbrat avait installé des panneaux coulissants bleus qui permettaient un montage cinématographique. Un écran sur lequel étaient projetées des conversations d'ordinateur à ordinateur descendait, technique nouvelle à l'époque, des années avant l'invention des SMS et Tweet. « *La technique était balbutiante, et nous avons rencontré beaucoup de difficultés pour la mettre en place ! Cet écran qui pouvait disparaître permettait aux scènes de s'enchaîner de manière assez fluide.* » Trois techniciens, employés du théâtre Fontaine, travaillaient dur à la réussite de ce spectacle monté sans grands moyens. Le décorateur avait disposé un mobilier très sobre – chaise, lit ou divan.

Les représentations, commencées le 22 décembre 1998, s'achèveraient trois mois plus tard. Le rideau se lèverait près de quatre-vingt dix fois. L'auteur de la pièce, Patrick Marber – détail plutôt amusant – s'était fait connaître comme acteur de stand-up dans les années 1980, avant de s'adonner à la dramaturgie. Lorsqu'il rendit sa seule visite à l'équipe, en l'absence du metteur en scène, le Britannique s'entretint certainement avec Gad du music-hall, et de cette discipline américaine encore peu populaire en France, où un comédien s'adresse au public, sans le filtre d'un texte ni d'un personnage.

La première scène opposait Anne Brochet et Gad. Blessée à la jambe après avoir été renversée par une voiture, elle était emmenée à l'hôpital, couvée par le désir de son partenaire masculin. Patrice Kerbrat ignorait qu'un sentiment naîtrait assez vite entre eux. « *C'est là qu'Anne Brochet et Gad se sont rencontrés,* se rappelle-t-il. *J'étais même aux premières loges. Gad me disait : je ne comprends pas. Sur scène, elle est tellement chaude, et en dehors, elle est tellement froide. Je lui ai dit : écoute, tu n'as pas dix-sept ans ! C'est une actrice ! Mais il continuait à se plaindre, vraiment très troublé. Et puis, un jour, alors que nous avions commencé les représentations, je suis arrivé au théâtre un dimanche après-midi, et là, je les ai vus sortir d'un taxi ensemble. Je me suis dit que la chose était faite. C'est moi qui les ai mariés en quelque sorte.* »

Il n'en saurait guère plus tant les amants préservèrent leur intimité, et ne changèrent rien à leur comportement. « *Je n'ai rien vu,* ajoute Patrice Kerbrat. *Ils étaient censés être fous l'un de l'autre, et le jouaient très bien, même avant leur rapprochement. Les acteurs ne sont pas obligés de coucher pour bien jouer. Parfois même cela rend les scènes plus difficiles. C'est plus amusant de ne pas coucher car on explore l'imaginaire. Il arrive qu'après avoir joué avec quelqu'un, on a le sentiment d'avoir couché avec. Je l'ai ressenti en tant que comédien.* »

À la fin de la pièce, Anne et Gad échouaient dans une chambre d'hôtel, censés, dans leurs rôles d'amants, être nus ou bien déshabillés. Gad confia son embarras à Patrice Kerbrat : « Écoute, cela me gêne d'être en caleçon ». Faisant fi de toute logique, il garda son pantalon. Anne, tout aussi pudique, enfila un T-shirt qui descendait jusqu'aux genoux. « *Au théâtre, les scènes un peu dévêtues sont plus délicates à organiser qu'au cinéma.* Tout contre *est une pièce libre, pas porno évidemment, mais assez explicite. Moi-même, je suis pudique aussi. Bon, le spectacle a été digne.* »

En plusieurs rencontres, Patrice Kerbrat n'aura jamais réussi à nouer avec Anne Brochet d'autres contacts que professionnels. Elle reste pour lui une sacrée énigme comme son personnage de *Tout contre* qui ment sur son identité, son âge, navigue entre les faux semblants.

Il la retrouvera dans un téléfilm, *Voici venir l'orage* de Nina Companeez en 2008, où il interprétait son amant. « *Je me rappelle, pendant une pause, avoir voulu lui parler. J'ai fait une allusion à son mariage avec Gad, mais elle s'est fermée. Elle est extrêmement secrète. Je n'ai jamais pu percer sa carapace. Au moment de* Tout contre, *elle avait déjà un enfant, et me bassinait avec ses gardes. C'était assez compliqué. De toute façon elle est compliquée.* » Il concède que la pièce ne fut pas un triomphe, mais un joli petit succès. « *Nous n'avions pas choisi probablement le bon théâtre, trop marqué par le divertissement.* » *Tout contre* obtint trois nominations aux Molières, dont celle de la meilleure adaptation d'une pièce étrangère.

Après la dernière représentation, ils dînèrent ensemble dans le chic restaurant la Maison Blanche, avenue Montaigne. L'établissement dut cependant fournir des cravates à Gad et à Ecoffey.

« *Il m'a invité à la dernière du spectacle qui l'avait révélé,* Décalages, *au Casino de Paris,* poursuit Kerbrat. *L'humour était très marocain, et juif. Il parlait parfois en arabe. Je me rappelle, il n'y avait pas une affiche dans Paris annonçant son spectacle, et la salle était pleine. J'ai vu entrer une "rock star", beaucoup plus à l'aise car il jouait son propre texte devant son propre public, et nouait une vraie complicité avec l'audience. Au théâtre, la complicité est plus difficile. Guy Bedos n'y a jamais remporté de gros succès non plus.* »

Patrice Kerbrat ne l'a plus revu. Comme souvent dans ce métier, l'amitié dure le temps du travail. Aujourd'hui, il a l'impression que Gad n'a pas gardé un très bon souvenir de cette pièce. Dans ses interviews, le comique n'y fait jamais allusion. Il s'éloignera du théâtre, faute de rôles intéressants ou d'intérêt personnel.

Trois, quatre années de bonheur allaient suivre. Gad vécut au tournant du deuxième millénaire l'une des belles périodes de sa vie.

13

LA VIE NORMALE

Il n'appartenait donc pas au monde du théâtre où il avait cependant rencontré un grand amour, au point même de songer au mariage. Le retour vers ce qu'il connaissait, le music-hall, l'enthousiasmait bien plus. Il avait entamé l'écriture de son second spectacle, tout en poursuivant son ascension au cinéma. Les producteurs ne l'oubliaient pas. Gad ne refusait pas grand-chose, même des prestations modestes. Une bande d'amis, bien décidée à réussir, se constituait, et Gad en faisait partie. Il relança les jeunes réalisateurs inconnus qu'il avait rencontrés au Trévise, Olivier Nakache et Éric Toledano. Le duo se rappelait leurs longues soirées dans des cafés, à raconter des anecdotes délirantes autour du Père Noël. Éric avait recruté de jeunes candidats pour jouer le fameux héros à la hotte, le 24 décembre, et cette expérience leur avait inspiré une idée. « Si vous l'écrivez, je veux en être », lança Gad qui se chargea de réunir le reste du casting, Jamel Debbouze, Roschdy Zem… Le court-métrage, *Les Petits souliers*, se monta en un mois. Quatre amis embauchés comme Pères Noël vivent des déconvenues. L'un d'eux tombe sur un rabbin, barbu aussi, un autre atterrit dans une famille Front national, avec sur leurs murs des photos de Jean-Marie le Pen et des drapeaux français, un troisième affronte une nymphomane.

Plusieurs prix dans des festivals à Paris récompensèrent cette amusante farce. « *Ce film a été notre carte de visite et nous a vraiment permis de rencontrer le monde du cinéma*[1] », confiera Éric Toledano.

Gad n'en tira pas vraiment profit. Il accepta un petit film, *On fait comme on a dit* de Philippe Bérenger, peut-être parce qu'il y tenait enfin le premier rôle, celui d'un jeune banlieusard résolu à s'enrichir. Une thématique se dessinait, comme un piège bientôt inextricable, l'argent. À l'écran, il voyait bien que les réalisateurs étaient tentés d'écrire pour lui le personnage qu'il avait été, le nomade pauvre habité par de plus hautes aspirations. Il ne songeait pas vraiment à ces petites prisons. Il voulait simplement travailler, réussir, tourner, progresser, maintenant qu'il partageait la vie d'une comédienne consacrée. Dans le récit de Bérenger, il organisait le braquage d'une banque, retrouvant une atmosphère *Pieds Nickelés*. L'œuvre, malgré de bons comédiens en devenir comme Sophie Guillemin, essuya de sévères critiques. « *Les acteurs s'agitent vainement*[2] », conclut par exemple le journaliste de *Télérama*.

Il enchaîna sur un nouveau film au titre symbolique, *Deuxième vie* de Patrick Braoudé, acceptant là encore de ne pas être la tête d'affiche, celui sur qui les projecteurs se braquent, et de traverser l'image, un peu noyé au milieu d'autres noms. De brillants sujets l'entouraient. Patrick Braoudé lui-même, Thierry Lhermitte, Élie Semoun, Maria de Medeiros se disputaient la lumière d'une intrigue située pendant la coupe du Monde 1998 et la victoire de la France. Gad l'avouera souvent : le cinéma ne l'exciterait jamais autant que la scène. Les heures d'attente, l'obligation de respecter des textes écrits par d'autres, de bouger à l'intérieur d'un périmètre donné, le fatiguaient. Il fut cependant content de tourner quelques scènes au Maroc.

1. Dossier de presse de *Je préfère qu'on reste amis.*
2. 24 mai 2000.

Il se souciait surtout de réussir ses « spectacles vivants ». Un échec au cinéma n'entamait pas son crédit, mais s'il trébuchait sur scène, il pouvait mourir artistiquement, aussi vite qu'il était né.

C'est, le cœur battant, qu'il s'attela à sa deuxième grande création. Isabelle Nanty le mit à nouveau en scène. Il avait prévu de jouer en juin 2000 au théâtre Dejazet, produit par Jimmy Levy. Il avait mis du temps à composer son œuvre, peaufinant des personnages forts, son étude des différences, résolu à sortir de l'humour communautaire, sans forcément changer grand-chose à son style déjà populaire. Il attendait beaucoup des progrès en écriture qu'il avait accomplis.

Il choisit un titre surprenant, *La Vie normale,* pour son ironie. N'est-ce pas l'ambition de tout individu ? Posséder un téléphone portable, fumer, avoir de l'argent, créer une famille, aimer... Évidemment, rien de ce qu'il affichait ne se déroulait comme prévu. La *Vie normale* représente une inversion : un homme fait tout pour commencer à fumer. Chaque personnage avance à rebours, selon des codes particuliers.

Il avait dressé, comme à son habitude, une galerie de caractères fantasques, centrés autour de contrastes et de paradoxes, inspirés par des petites phrases entendues ici ou là. Il se rappela l'interview de cette actrice qui disait : « J'adore aller au supermarché ! » Cette pose l'amusa et l'irrita. Comment peut-on adorer aller au supermarché ? Il s'en servit. De nombreux petits travers nourrissaient sa plume. Le public et la presse appréciaient. Il entendait dire : « Gad Elmaleh n'est pas dans la tchatche », et s'en réjouissait. Le récit primait le débit, au contraire de son ami Jamel et de la génération qui se pressait au festin.

Il accorda une place importante au grand-père, s'amusa à le confronter à la modernité : ses petits-enfants lui offrent un portable, déchaînant gags et malentendus. La technologie était sujette à plaisanteries. Gad se plaisait à décrire la difficulté de la communication, la barrière des répondeurs, le silence, les conversations interrompues à cause des tunnels ou de la distance. « *Grâce à la communication, on ne se parle plus.* »

Il fustigeait l'absurdité. « *La technologie, elle a enlevé la politesse. La preuve ! Quand les gens, ils t'appellent sur le portable, ils te disent même plus bonjour, ils disent : allô ! La question d'après c'est : t'es où ? Mais qu'est-ce que tu t'en fous je suis où ?! Laisse-moi tranquille !* »

La qualité de cette deuxième œuvre tient dans les caractères brossés pendant les deux heures de scène. Gad Elmaleh demeure un observateur amusé de l'être humain. Il prendra toujours soin d'éviter les histoires belges ou les plaisanteries sur les blondes. En revanche, il n'a rien contre… le blond ! En écrivant les aventures de ce type, il crée l'un de ses sketches les plus célèbres. L'idée lui est peut-être venue en voyant l'acteur américain Brad Pitt, ces comédiens séducteurs à qui tout réussit, carrière, amour… Le portrait, presque surnaturel, évoque une scène de *Pain et Chocolat* où un immigré italien en Suisse, interprété par Nino Manfredi, regarde, depuis un poulailler, une bande de blonds musclés.

> « *T'as vu le blond quand il mange un sandwich ? Putain ! La mayonnaise, elle ne sort pas. Lui, les tomates elles restent parallèles, y a aucun problème.* »

Le blond n'a pas de feuilles de salade coincées entre les dents. Gad imagine qu'il le rencontre un jour, dans un aéroport. « *Il était avec ses enfants en train de leur parler en blond.* » Il lui a trouvé un nom Bradley Dubois, aussi faux et ridicule qu'un feuilleton américain.

Ce personnage contribua au succès du spectacle, même si Gad – sorte de prix à payer – est accusé de l'avoir emprunté à un comique américain bien connu, Jerry Seinfeld. Vol de vannes :

cette accusation n'aura jamais cessé de polluer l'air de la comédie, comme si le bon mot s'apparentait à un trésor. « *Si je devais citer sur l'affiche de mon spectacle tous les mecs que j'ai pompés, il n'y aurait plus de place pour mettre mon nom. Une vanne n'appartient à personne, sauf à celui qui la fait vivre* », avait dit Coluche qui fréquentait les cabarets pour « emprunter » des idées à ses collègues. Cette pratique irrite, déçoit et met en colère. Le comte de Bouderbala, l'un des amuseurs en vue de la nouvelle scène française, se rappellera avoir oublié chez le producteur d'un comique une clef USB qui contenait trois feuillets de vannes. Plus tard, il les retrouva dans le spectacle de l'humoriste en question dont l'identité est restée mystérieuse.

Lorsqu'il écrivait, Gad Elmaleh ne pouvait ignorer tout ce qu'il avait entendu et vu. Que ce soit Bill Cosby (du *Cosby Show*) ou le New-Yorkais Jerry Seinfeld, né en 1954, devenu une légende de la télévision et du stand-up grâce à la série *Seinfeld*, où il jouait un acteur de sketches au quotidien, entre notations drôles, névroses et échecs amoureux. Toute une génération s'est abreuvée aux récits absurdes de ces artistes. Gad Elmaleh avait décidé d'exporter en France ce genre d'humour, sans lui asservir sa propre plume.

La Vie normale dépasse *Décalages* par la richesse de ses figures. Gad a compris qu'il durerait s'il créait, comme en littérature, des types forts auxquels le public pourrait s'identifier. Il reprend l'un de ses héros de *Décalages*, le jeune comédien de « là-bas » Abderrazzak reconverti en agent immobilier.

Il imagine aussi les deux figures emblématiques et populaires de son œuvre : Coco, le nouveau riche bling-bling qui souhaite organiser une somptueuse bar-mitsva pour son fils, et Chouchou, le travesti bien moins consensuel. Si la terre entière se rit des nouveaux riches, la sexualité suscite des débats houleux. Gad ne l'ignorait pas, pressentant que sa créature resterait à quai lorsqu'il jouerait l'œuvre en Algérie ou dans certains pays moins ouverts que la France. « *C'est vrai qu'il y a des rires qui me dérangent,* confiera-t-il à *Libération. Parfois, j'ai envie de sortir du personnage pour parler au public mais je ne le ferai jamais. J'ai arrêté d'attendre du public qu'il comprenne mes sketches comme moi je les ressens*[1]. » Il manqua de basculer dans l'absurde, une tentation très forte pour lui, mais quelque chose l'en empêchait, la peur que le public ne perçût pas le sens de son œuvre. Un jour, peut-être, il aurait le courage de libérer complètement ses dialogues et situations, de s'approcher de ses idoles, Charlie Chaplin et Woody Allen. La presse n'aura jamais été avare de belles références : « *En te regardant bouger sur scène, on pense aussi beaucoup à Jacques Tati… Putain ! (flatté)… J'adore Jacques Tati.* Mon Oncle *est une référence pour moi. Tati aussi est un maître de l'absurde. C'est bon, on peut arrêter l'interview, on m'a comparé à Tati, j'ai eu ce que je voulais*[2]. »

La référence à Tati semble très opportune. Le cinéaste amusa avec son monsieur Hulot effaré devant la technologie, la modernité cocasse, tenant d'une nostalgie inquiète. Gad s'arrête, lui, malgré tout au seuil de l'absurde.

La Vie normale s'honore aussi d'une partie musicale, son petit plaisir personnel, désormais indissociable de son œuvre scénique. Il composa une chanson, *Petit Oiseau,* sans prévoir que la ritournelle connaîtrait une certaine postérité, et lui vaudrait un jour d'apparaître sur la scène de Bercy, pour l'interpréter en duo avec M Pokora. Tout ce qu'il touchait alors commençait à prendre une ampleur inespérée.

« *Petit oiseau*
Si tu n'as pas d'ailes
Ahh ! Tu peux pas voler

1. « Flou artistique », Christophe Ayad, 11 septembre 2001.
2. « In Gad we trust », *Les Inrockuptibles*, 30 janvier 2001.

Ahh ! Tu peux pas voler
Non, non, non !!! »

Il serinait la ritournelle, accompagné de sa guitare. Ce joyeux va-et-vient entre sketchs et musique pour rire séduisit un large public. Gad rêvait un jour de se produire à la tête d'un grand orchestre de jazz, de chanter comme le crooner Michael Bublé. Dès qu'il avait un peu de temps, il allait au concert. Il se rendit entre autres à la Cigale pour voir le Malien albinos Salif Keïta. Il s'offrait aussi des disques de jazz, parmi ses préférés, les pianistes Ahmad Jamal et Michel Petrucciani, il écoutait TSF Jazz. Il pensait souvent à Henri Salvador qui associait chansons et gags. Le rap l'intéressait aussi. Il était fan de NTM et de Disiz La Peste. Il avait déjà un peu pratiqué la discipline en signant une chanson avec l'humoriste Dieudonné, *J'ai la haine*, qui ressemblait plus à son partenaire qu'à lui-même (même si le texte est plus subtil que le titre le laisse paraître). Au vu des évènements postérieurs et de l'antisémitisme de Dieudonné, Gad ne mentionne pas souvent cette collaboration, juste comme une blague furtive. D'ailleurs peu de monde a entendu cette chanson qui circule sur YouTube. Un jour, il enregistrera un disque, plus sérieux mais sans prétention.

Gad s'efforçait d'éviter la dispersion alors qu'il semblait s'installer durablement dans le paysage. « *Des yeux bleus pétillants surmontés de boucles brunes en bataille, une belle énergie, le comique, comédien, acteur et mime Gad Elmaleh a, d'abord, une incroyable présence, au service d'un jeu subtil avec la langue française qu'il bouscule et viole un peu de-ci de-là, à coups d'accents et de syntaxes venus d'autres espaces culturels et que ses personnages s'approprient avec brio le temps d'un sketch*[1] », lut-on dans *La Dépêche*.

1. « "La vie normale" de Gad Elmaleh », 7 décembre 2000.

Ce spectacle hissa l'artiste au sommet de la scène. La cassette se vendit à 100 000 exemplaires. Gad, ennemi de l'actualité chaude, de la vulgarité, entendait cependant des voix un peu plus critiques, à cause de la thématique nostalgique de ses sketches, à contre-courant d'une société cynique et moderne, comme l'écrira *Le Monde*, quelques années plus tard à l'occasion d'une rediffusion à la télévision : « *Le spectacle date certes un peu. Mais ceux qui ne l'ont pas vu, ou ceux qui voudront le revoir, ne bouderont pas leur plaisir en retrouvant quelques personnages hauts en couleur et aux accents cosmopolites*[1]. » Il lui faudrait devenir peut-être légèrement plus méchant. Il n'appartient pas à ces comiques fielleux, conscient que trop de causticité pourrait lui faire perdre tout son crédit. « *Gad Elmaleh est ce qu'on appelle "un artiste total"* », affirma *le Point* dans un article titré : « Gad le magnifique. » « *Un vrai show man… Si vous ne connaissez pas encore ce grand-père accro au portable, ce Coco dont "le kif est d'éclater les gens" ou ce Chouchou, travesti nord-africain, qui adore la peinture, "surtout l'impressionnisme et le crépi", il vous reste trois soirées pour tenter d'arracher une place, fût-ce au balcon. D'ailleurs, à certains instants, ce magnifique comédien fait singulièrement songer, dans la lumière, à Jean-Louis Barrault. Gad Elmaleh, à son tour, et pour notre bonheur, a conquis le paradis*[2]. »

Une expression radieuse le portait à cette époque. Ses rêves s'accomplissaient enfin.

1. « Gad Elmaleh, la vie normale », Olivier Zilbertin, 15 avril 2006.
2. Article signé Albert Sebag, 9 février 2001.

14

LE SOIR DU 11 SEPTEMBRE 2001…

Sa future paternité occupait son esprit. Il devrait ralentir sa course à la fortune. D'autres perspectives l'attendaient. Aurait-il la volonté de changer d'existence ? Le téléphone vibrait de plus en plus. Les producteurs l'invitaient à rejoindre les grands vaisseaux de la comédie, comme le deuxième volet de *La Vérité si je mens*. Gad, pourtant, à la proposition du réalisateur Thomas Gilou, ne put s'empêcher de provoquer : « *Non… Je dois jouer dans XXL 2* ». Il se réjouissait de rattraper son erreur et de participer au succès de la série du Sentier. Il jouerait ce rôle qu'on lui avait déjà proposé, Dov, l'ami dragueur, à la place de Vincent Elbaz, face à l'électrique José Garcia, le grand vainqueur du projet, celui qui magnétisait les regards. Le film, sorti en février 2001, attira près de 8 millions de spectateurs. Gad ne signa pas pour le troisième tome, laissant Vincent Elbaz revenir. Il ne s'éloignera jamais de la constante de sa carrière : ne pas récidiver, comme une appréhension, presque un blasphème pour un nomade comme lui, les charentaises !

L'événement tant attendu approchait. Gad appela Francine Aknin, ex-directrice des programmes de Radio Shalom (jusqu'en 1999), et lui demanda si son époux Alain, gynécologue obstétricien, pourrait mettre au monde son enfant. Il lui témoignait là une marque de confiance et de reconnaissance. Anne Brochet accoucha du petit Noé, le 1er novembre 2000, à la clinique du Bien-Naître, dans le XIIe arrondissement de Paris. « *Mon mari ne m'a pas donné de détails, secret professionnel oblige*, raconte Francine. *Il m'a simplement dit qu'au bloc, Gad, en attendant l'accouchement, s'était livré à des petites blagues. Quand je le croise, il a toujours une pensée émue pour Alain qui a fait naître son fils*[1]. »

Gad épousa Anne l'année suivante. Pourtant, il dut se rendre à l'évidence. De nouveau, il avait l'impression de s'éloigner de la femme aimée, de ne plus la voir assez. Leur métier paraissait difficilement conciliable avec la vie de famille. Elle tournait beaucoup, comme lui, travaillait, partageant sa vie entre la scène et une activité plus secrète et prenante, l'écriture. Elle publia un premier roman, en 2001, *Si petites devant ta face*, au Seuil. Elle fut blessée que son époux n'ait pas pris la peine de le lire. De son côté, Gad avait l'impression de ne pouvoir l'atteindre. Il achetait des livres qu'il n'ouvrait pas et empilait sur la table de nuit. Comment réussirait-il à se montrer à la hauteur d'une femme, à la fois actrice renommée et écrivaine, tout ce qu'il n'était pas encore ?

On peut facilement imaginer qu'elle avait voulu voir en Gad Elmaleh, plus jeune qu'elle de cinq années, l'homme de sa vie. Quant à lui, il se sentait fier d'avoir attiré le regard d'une vraie comédienne alors très en vue qui jouait des grands classiques.

Leur histoire inspirera à Anne un texte amer, *Trajet d'une amoureuse éconduite*, qui traite de sa relation et de sa rupture avec un homme, sans le nommer bien sûr. La critique fera vite le rapprochement, même si le personnage que l'héroïne fréquente est déjà marié et père de famille. En l'absence d'éléments, d'interviews, ce récit plutôt fleur bleue raconte un amour, la naissance d'un intérêt à l'occasion d'une tournée promotionnelle. Elle lui donne du « vous », comme marque de respect mais aussi par peur de cet homme qui lui inspire des sentiments dangereux. « *Près de vous, je*

1. Entretien téléphonique avec l'auteur.

ne pouvais pas vous quitter des yeux. C'est surtout quand vous preniez la parole que vous étiez à la merci de mon regard sans scrupules. Je détaillais tout de vous. La finesse du grain de votre peau[1]. »

Occupé à exploiter un début de gloire à portée de main, Gad essayait d'emmener son fils avec lui. Il comptait l'élever dans la religion juive, sans forcément penser à une pratique sérieuse. Sans le savoir, par ses absences, son travail, ses soucis, il condamnait son couple, lui qui répondit « non » à la question de Thierry Ardisson dans *Tout le monde en parle* « croyez-vous à l'amour éternel[2] ? » La place se révélait trop petite pour deux artistes ambitieux. Cette émission apparut comme une sorte de révélateur. C'était quelques semaines après la naissance de Noé, il venait de se marier, et il lâcha au présentateur : *« La dernière fois que j'ai vu votre émission, j'ai aperçu une fille magnifique… Aurélie Dupont ! »*

Il aimait les filles magnifiques. Son regard errait d'une étoile à l'autre. La vie de couple l'ennuyait. Anne était remontée sur scène, au théâtre Édouard VII, jouant, aux côtés de Michel Piccoli, la pièce de Sacha Guitry… *La Jalousie* !

Gad avait depuis longtemps tourné le dos au théâtre. Sa vie professionnelle s'accélérait, emportant avec elle l'amour, la passion. Le danger du monde l'amena à s'interroger sur l'amour qu'il se portait à lui-même, à sa carrière, son avenir, au moment de gravir les marches de la prestigieuse scène de l'Olympia, sept ans après ses débuts, le soir du 11 septembre 2001. Comme si un terrible coup de fouet l'avait sorti de sa bulle. Des avions de ligne venaient de percuter les deux tours du World Trade Center, à New York, provoquant des milliers de morts, plus que lors de l'attaque japonaise contre Pearl Harbour le 7 novembre 1941. Pouvait-il jouer ? Il n'en savait rien. La tragédie aurait pu lui rappeler la fameuse phrase d'Adorno :

1. *Trajet d'une amoureuse éconduite,* Anne Brochet, Éditions Seuil, avril 2005.
2. 25 novembre 2000.

« Peut-on écrire encore de la poésie après Auschwitz ? » Que son art lui semblait léger, inconséquent face à la vision des corps enflammés chutant dans le vide ! « *Je pensais que je n'allais pas jouer, mais il le fallait, je devais parler au public de ce qu'il ressentait. Je sais ce que vous ressentez, je le ressens aussi mais on va continuer. On voyait ces images atroces de ces avions qui rentraient dans les tours*, confierait-il des années plus tard dans l'émission *Un Soir à la tour Eiffel. Dans la petite enceinte, j'avais le public qui m'appelait pour faire le spectacle. Je me suis dit "whaou, c'est surréaliste !" Mais il faut continuer. Moi, je suis là pour ça, je suis un comique, il faut continuer à faire rire*[1]. »

Il se répéterait cette phrase, comme une profession de foi, et ce soir-là conduisit son spectacle, avec un regain d'énergie. Comment se serait-il arrêté ? Arrivé au bon moment, il faisait fructifier une période faste pour les artistes de music-hall, commençait à devenir plus célèbre que son épouse, plus courtisé. *Continuer à faire rire !* « *Le public a changé ces dernières années : on est devenus des rock stars*, confierait-il à *Libération. Il m'est arrivé de passer sept minutes sans pouvoir placer un mot après mon entrée en scène. On a l'impression de décoller avec un réacteur dans le dos. Ça devient tentant de réagir, de répondre mais alors on tombe dans la complaisance. Il faut un minimum de distance*[2]. »

Continuer à faire rire ! La presse s'emparait d'une mode. « *C'est principalement la vague beur-banlieue qui fait aujourd'hui des ravages, drainant un public hystérique*, écrivit le magazine branché *Technikart. Aller à un show de Jamel ou de Gad Elmaleh, c'est – contrairement à un spectacle d'André Lamy – comme se rendre à un concert rock'n rap*[3]. » L'intéressé essayait de garder un certain

1. *Un Soir à la Tour Eiffel*, 21 janvier 2015.
2. « Flou artistique », *Libération*, Op.cit.
3. « Comiques : fini la rigolade ! », Benoît Sabatier, Technikar N° 51, 1er avril 2001.

recul. « *Le succès est grisant*, déclara-t-il à *VSD. Il me booste, mais je ne suis pas plus sûr de moi pour autant*[1]. »

Continuer à faire rire ! Il affirmait ne pas se prendre au sérieux. « *J'ai même tendance à fuir quand on me fait trop de compliments.* » À la question « vous vous aimez ? », il répondit par l'affirmative. « *Pour aller sur scène tout seul et essayer de faire rire deux mille personnes, faut quand même s'aimer.* »

Au cinéma, il progressait, recevant des propositions plus importantes, comme celle des *Gens en maillot de bain ne sont pas (forcément) superficiels*, d'Éric Assous, où il retrouvait Isabelle Gélinas qu'il avait vue de loin, au temps de Chaillot et de Roger Planchon, lorsque sa seule participation consistait à tenir un bougeoir. Le film, placé sous la bonne étoile des *Bronzés*, racontait les mésaventures d'un groupe de vacanciers en villégiature aux Antilles, avec les quiproquos inhérents à ce genre de comédies. L'œuvre passa inaperçue. Ces échecs ou demi-réussites ne diminuèrent pas l'agenda bien rempli de l'artiste, dont la présence, le regard semblaient pouvoir apporter une valeur à un cinéma toujours en recherche de nouveautés.

Continuer à faire rire ! Le 11 septembre s'éloignait, mais restait une sourde menace sur la tête du fantaisiste acteur de comédie !

1. Florence Belkacem, 6 septembre 2001.

15

AU BORD DE LA FALAISE, AVEC CÉCILE DE FRANCE

Un rôle principal ! Enfin ! Après *Salut cousin !* et *On fait comme on a dit*, il ne pensait plus occuper le haut d'une affiche, quand *A + Pollux*, une comédie inspirée du roman de Philippe Jaenada, *Le Chameau sauvage*, voulut mettre son nom à l'honneur. Gad ne connaissant personne de l'équipe, s'interrogeait sur le sérieux de ce projet, le premier film de Luc Pagès. Mais il fut convaincu en apprenant que ce réalisateur avait été chef opérateur du grand Éric Rohmer. Il aurait comme partenaire une comédienne encore peu connue, Cécile de France.

Luc Pagès a accepté d'ouvrir le livre toujours vivace de ses souvenirs. Il vit près de Barbès, au pied de Montmartre. Il se déplace avec une petite trottinette, et fixe ses rendez-vous dans un café à l'angle des rues Muller et Ramey. Au fond de la salle, une magnifique affiche de cinéma des années 1960, *Le Fils du Capitaine Blood* – avec Sean Flynn, le fils d'Errol, disparu au Vietnam –, vous rend l'endroit tout de suite sympathique, comme le tranquille Luc Pagès, qui avoue traverser des moments plus difficiles aujourd'hui. *A + Pollux* semble briller dans son œuvre comme un essai sans lendemain.

L'ancien collaborateur de Rohmer m'a tout de suite prévenu : « *Je ne serai pas forcément très élogieux*[1] *!* ». Il avait aimé le livre de

1. Entretien réalisé le 21 février 2015.

Jaenada tout en reconnaissant qu'il ne correspondait pas à son univers habituel. Après avoir bouclé le financement du projet, le producteur Laurent Benguigui lui conseilla d'aller voir Gad, toujours méconnu, mais porté par son public. Luc se rendit donc au théâtre Dejazet. « *Il était juste à prendre au bon moment. Il ne m'avait pas tellement impressionné au cinéma, mais sur scène, il étincelait. Bon, je préparais mon premier film, et je n'étais pas encore très sûr de moi. Je me suis dit : s'il faut improviser, il saura le faire. Je l'ai contacté, et il a répondu très vite. Il trouvait que l'idée avait un petit air Woody allenien, avec intelligence et drôlerie. Je ne peux pas dire que le film s'est fait sur son nom, mais j'étais content de le mettre en avant quand j'ai frappé à la porte de France 3 pour obtenir un prêt. En fait, plus tard, le scénario* [un garçon part à la recherche de sa bien-aimée, disparue, Ndla], *plus que la présence de Gad Elmaleh, a tout déclenché* ». Il choisit, à la faveur d'un casting, une débutante, Cécile de France, comme partenaire de Gad à l'écran. « *J'ai épargné l'examen à Gad parce que je l'avais aimé sur les planches. Lorsque j'ai organisé la rencontre de Gad et de Cécile, c'était surtout pour l'évaluer, elle. Mais je me suis rendu compte que le problème n'était pas de son fait.* » Il reste circonspect sur la copie que lui rendit le comique, mettant peut-être le doigt sur ses lacunes au cinéma, lacunes dont il semble avoir eu le plus grand mal à se défaire. « *J'étais très étonné. Autant sur scène, il était brillant, drôle, autant devant les caméras, il n'arrivait pas à récupérer un humour de comédie. S'il jouait la colère, il s'énervait vraiment, alors que j'attendais une colère de comédie. Quand un personnage de comédie s'emporte, on est en accord avec lui. On le suit. Bon, je ne pouvais plus revenir en arrière. Je pensais pouvoir le diriger.* » Il monta le film en fonction de Gad, présent sur tous les plans, qui ne coûta pas très cher (300 000 francs environ) à une production limitée, « *une somme juste au niveau où il se trouvait* ». Pagès apprécia les prises avec Cécile de France, toutes bonnes, mais dut retravailler celles de Gad. « *Je devais faire de la dentelle, prendre un morceau ici ou là, et reconstituer les scènes. Son regard avait du mal à fixer sa partenaire. Il ne comprenait pas les ressorts comiques de certaines scènes probablement parce qu'il n'avait pas écrit le texte lui-même.* [...] *Je ne crois pas que ce soit un comédien de cinéma. Il ne semble pas avoir envie d'explorer ce filon. Un an plus tard, j'ai vu* Chouchou. *Il n'était pas du tout dans son rôle. J'ai surtout vu Gad Elmaleh. Il faisait ce qu'il voulait.* »

Il fut malgré tout séduit par le personnage, assez généreux, qui aimait offrir à tous les techniciens des places pour ses spectacles. Il donna à Luc plusieurs DVD de Woody Allen. Il se plaisait aussi à exhiber la belle Audi qu'il s'était offerte grâce à ses cachets, son premier signe de réussite. Entre la signature pour le film et le tournage, sa notoriété avait grimpé d'un cran.

« *Il était agréable avec l'équipe, ce qui me posait des problèmes. Car si je n'étais pas satisfait de lui, j'étais bien le seul à m'en rendre compte. Il a beaucoup de répartie, embarque tout le monde dans son délire. Il peut vite vous déstabiliser. Il avait envie de montrer son talent, de prouver sa réussite. Je tournais avec une caméra DV, et quand il l'a appris, il m'a dit : quoi, tu utilises la même caméra que je viens d'acheter pour filmer mon gosse ? Je lui ai répondu : non, c'est le modèle en dessous ! Il n'a pas compris mon humour...* »

Luc Pagès regrette sa vanne qui se voulait drôle. « *Elle ne l'a pas rassurée car il avait peur de travailler avec des branquignols. Je n'ai pas mesuré son angoisse. C'est mon erreur. Il y a eu une recherche de prise de pouvoir de sa part qu'il n'a pas réussi à obtenir. Il a souffert de ne pas avoir le contrôle.* »

Le tournage eut lieu en novembre 2001, près du canal Saint-Martin, dans le quartier de la République, et sur l'île de Groix, jusqu'en Égypte, avec une incursion au bord du Nil, vers décembre. Gad réclama simplement une loge pour éviter de se changer dans la rue. Pagès ne se rappelle pas avoir vu Anne Brochet sur le plateau. A-t-il courtisé Cécile de France ? « *Tous les comédiens draguaient un peu Cécile de France ! Mais elle était très attachée à son compagnon qui travaillait dans le son, un mec formidable mais assez discret.* » L'aura de Gad impressionna Cécile. Ils emportèrent avec eux un bon souvenir, une scène où ils font l'amour de façon sauvage sur une falaise de l'île de Groix. L'océan déchaîné, la pluie, le vent, le froid, les suites d'une course folle contribuèrent à rendre le moment intense. « *Je pense qu'ils ont été assez déçus de voir la séquence à l'écran, sans son, en post-synchro. Ils n'ont pas ressenti la force de ce qu'ils avaient vécu en la tournant.* »

La liaison resta suggérée. Gad ne refusa jamais de refaire une scène (jusqu'à 23 prises), négocia certaines difficultés liées à sa pudeur, incapable par exemple de se mettre même torse nu lorsque Luc le lui demanda, ou à sa peur en présence d'un chat. « *Il a une approche difficile des animaux à cause d'un incident qui lui est arrivé pendant son enfance. Son frère Arié me l'a dit sans préciser quoi.* »

Le soir, au restaurant, Gad apportait beaucoup de joie à l'équipe épuisée, heureux de tambouriner sur les tables, à l'aide de fourchettes et de cuillers, et d'entraîner d'autres membres de l'équipe pour des bœufs sympathiques.

« *Il faisait son show en permanence. Il me mettait en boîte. Une fois, nous dînions ensemble, un serveur est arrivé à la fin du repas avec un gâteau d'anniversaire. Évidemment, ce n'était pas mon anniversaire. On est toujours un peu catastrophé quand on voit arriver un gâteau d'anniversaire. J'étais un taiseux, et il le savait. Il voulait me sortir de mon côté autiste. Finalement, cette attention m'a touché. Il l'a fait plusieurs fois, comme un running gag.* »

Luc et ses collaborateurs organisèrent un pot de fin tournage à bord d'une péniche. Gad y participa. Mais les tracas commencèrent quelques jours plus tard. Des différends financiers s'ajoutèrent aux problèmes artistiques. Gad qui pensait toucher un supplément pour la post-synchronisation fut déçu. Peut-être aussi goûta-t-il peu le résultat final. « *Lors de la première projection à destination de l'équipe, quand les lumières se sont rallumées, il a juste dit : eh bien, il faut être intelligent pour voir ce film !* » Il avait promis d'assurer la promotion, et les attachés de presse misèrent tout sur lui, mais Gad bouda les émissions populaires, sécha les rendez-vous. Le magazine *Première* souhaitait lui consacrer quatre pages dans son numéro d'été, mais il ne se déplaça pas. Nous ne trouverons pas une interview de l'acteur. « *L'image que véhiculait mon film ne correspondait pas à celle qu'il voulait donner de sa carrière. Il pensait déjà à ce projet plus cher à son cœur, son adaptation de* Chouchou. » L'envie de porter à l'écran ses personnages de *La Vie normale* remontait à quelques mois et lui occupait l'esprit. Un producteur avait même montré un certain intérêt à l'égard de cette idée, et il se sentait gonflé d'excitation.

Cécile de France se chargea donc seule du service après-vente. Mais elle intéressait moins les médias. Et le barnum télévisuel ne l'excitait pas. Elle ne tenait pas à répondre aux questions d'Ardisson du genre : « Sucer, c'est tromper ? »

Luc Pagès avait fait fausse route. Il regrette le désintérêt de Gad. Et la presse plutôt favorable ne l'a pas réconforté. « *Une fantaisie mineure, truffée d'absurdités sidérales et de trouvailles loufoques, très bien servie par un Gad Elmaleh lunaire et une Cécile de France charmeuse, qui joue l'Arlésienne rapide et légère* », écrivit Isabelle Fajardo dans *Télérama*[1]. *Le Nouvel Observateur* publia une critique louangeuse : « *Gad Elmaleh illumine le film d'un talent dont on connaît déjà les facettes multiples, à l'écran comme sur scène. C'est sans doute à ce jour son rôle le plus intense, dans ce petit film attachant, drôle et émouvant*[2]. »

1. 22 septembre 2007.
2. 3 juillet 2002.

L'attachant *A + Pollux* attira moins de 50 000 personnes. Gad put faire sienne cette phrase extraite des dialogues : « *Les gens importants, on les croise toujours deux fois !* »

Luc n'a plus revu Gad qui pourtant avait été satisfait de la manière dont il avait été dirigé. Il l'aperçoit parfois à la télé, ses enfants l'adorent. Et il leur dit : « Vous avez bien raison ! Il est drôle ! » Puis il les laisse regarder le « comique préféré des Français ». Sa rancune n'a pas disparu. Il sait que Gad a peut-être une autre perception de l'aventure du film. En réalité, il souffre surtout de l'échec de son œuvre. Certain qu'ils auraient pu mieux la défendre, il digère non sans mal, plus de dix ans après, un beau gâchis.

16

LE ROI DU BOX-OFFICE

Gad continuait à avancer sur les cendres du 7e art et de ses illusions perdues. Il ne possédait pas encore à l'écran l'impact des grands spécialistes de la comédie, Christian Clavier, ou Édouard Baer, comme le montre sa très fugitive intervention dans le blockbuster, *Astérix et Obelix : Mission Cléopâtre,* d'Alain Chabat, l'endroit où tout comédien à l'ambition élevée devait apparaître. En quête de popularité, Gad ne pouvait rater cette épopée où figuraient plusieurs de ses « collègues ». Jamel Debouzze, Isabelle Nanty, et tant d'autres, même si sa participation n'excéda pas la silhouette d'un simple marchand. Il prononça une phrase : « Ça va Imhotep ? » Son visage restait en retrait. Il y recroisa la route de Gérard Depardieu.

Une certaine frustration ne le quittait pas. *A + Pollux* lui avait cependant prouvé qu'il avait les épaules assez larges pour tenir seul un film, peut-être même le réaliser. Il apaisait ses doutes en revenant sur scène où il maîtrisait son destin, savourait la chaleur de « son » public. Le cinéma lui servait à rester visible, à cultiver sa notoriété naissante. Il parvenait à jongler entre les impératifs des tournages et son « vrai » métier de music-hall, menant une existence qui le tenait éloigné de sa maison, perturbé par ses désirs amoureux, son instabilité affective, et ses plaisirs de one-man-show.

Il reviendra souvent à sa passion exclusive, absolue, presque dérangeante. « *Je quitterais un film pour une femme. Mais pas la scène… J'annulerais cent jours de tournage, mais pas une seule représentation. C'est sur scène que je me sens le plus heureux. Ça fait peur aux femmes d'ailleurs. Là, au moment où je vous parle, je rêve de me mettre du chocolat sur les dents et de vous sourire. Je sais que c'est ça qui me ferait plaisir. J'ai besoin de ça. C'est un langage. Peut-être que si je ne le fais pas, je suis triste*[1]. »

Le divorce fut bientôt consommé. Il se sépara de son épouse, en toute discrétion, loin des querelles tapageuses. Anne Brochet en éprouva une grande amertume, qu'elle décrirait dans son livre. « *Je dis que je ne vous aime plus, que je suis lasse de vous, de vos jeux de cache-cache, de ce jeu de pouvoir entre nous.* » Leur rupture révéla, par ses silences, d'inguérissables blessures. La froideur d'Anne Brochet qu'il avait ressentie sur la scène du théâtre Fontaine dressait un mur entre eux. Il rêvait d'autre chose.

Anne n'apparaîtra plus vraiment dans le paysage de Gad, au contraire de leur fils Noé. L'artiste a toujours réussi à préserver sa vie privée racontée en filigrane dans le beau livre d'Anne, mais faite de non-dits, d'incompréhensions. *Trajet d'une amoureuse éconduite* est le roman du non-dialogue. « *Quand je passe devant cette station RER La Chapelle, je sais qu'il y a aussi peu de probabilités de vous y croiser que celle de vous avoir rencontré un jour dans ma vie. Pourtant, à chaque fois, je baisse les yeux de peur de vous apercevoir*[2]. » Elle décrit « *un homme malheureux, sombre, névrosé* ».

Gad ne traîna pas en chemin. Il avait retrouvé la jeune étoile vue dans l'émission d'Ardisson, Aurélie Dupont, et s'était débrouillé pour obtenir son numéro de téléphone. La danseuse cherchait un chevalier servant, et ne tenait plus à vivre avec des artistes de sa discipline. Gad voulait séduire, en permanence, changer, butiner, comme sa notoriété de plus en plus éclatante

1. « Gad Elmaleh : "Tournez avec Sophie Marceau ? Un fantasme ! », *La Voix du Nord*, 27 juin 2006.
2. *Op. cit.*, Le Seuil, 2005.

semblait lui en donner le droit, et le pouvoir. Aurélie Dupont, fille sensible, devenue ce qu'elle est à force de sacrifices, avait grandi dans la douleur de son art, entendant dire : « Il ne suffit pas d'être jolie pour se rendre intéressante ». Elle buvait un peu, pouvait fumer, aimait la vie, invitait tout autre artiste un peu fou et excentrique à partager ses plaisirs. Gad possédait ce qui plaisait à Aurélie : la grâce, l'humour. Il appréciait la passion d'Aurélie pour la musique. Leur liaison durerait quatre magnifiques années.

Gad n'avait pas renoncé à faire carrière au cinéma après de nombreux et modestes rôles. Il aspirait toujours à occuper le premier rang, sur scène, à l'écran et, en amour, voulait la plus belle des danseuses, ou des comédiennes. Il envisageait de réaliser le grand film qu'il avait dans la tête et dont il aurait l'entier contrôle, la meilleure comédie française. Rien ne s'opposerait à son ambition, une idée à laquelle, semble-t-il, personne n'avait encore songé : porter au cinéma un personnage créé sur scène. Cette obsession le perturbait depuis des mois et des mois, et avait gâché le tournage d'*A+ Pollux*. Il adapterait à l'écran Chouchou, son travesti. Il était convaincu que ses déguisements et son extravagance plairaient aux Français, de tous genres. Sans le savoir, il ouvrira la voie à d'autres comiques : Jean Dujardin adaptera son héros surfeur, Brice de Nice, en 2005 avec beaucoup de succès. Élie Semoun reprendra son caractère de Cyprien en 2009. Ce travail scénaristique exposait l'artiste à une difficulté de taille, développer un scénario cohérent, linéaire, et en chasser les éléments disparates propres au sketch. Gad se savait bon sur scène, et combiner les deux arts lui paraissait une excellente idée. Il utiliserait la bonne vieille recette déjà expérimentée dans *Salut cousin !* : l'étranger qui arrive en ville. Chouchou, un jeune Maghrébin débarque à Paris dans l'espoir d'y retrouver son neveu. Une psychothérapeute l'engage comme femme de ménage, puis il échoue dans un club de travestis à Pigalle, l'Apocalypse, où il devient serveur. Gad compose une créature tonique, drôle, de bonne humeur, qui lâche cette phrase devenue culte : « *J'adoooore les sushis !* », une nouveauté par rapport au spectacle (Gad la reprendra sur scène devant un public conquis), ou encore : « *J'ai pas tout compris dans Richard III, je n'ai pas vu le I ni le II* ».

Il convainquit Christian Fechner, un producteur historique du cinéma qui avait travaillé avec Louis de Funès, et une machine implacable, la Warner. La chance l'aida, il attira les parieurs les plus audacieux du 7e art. Il ne revenait pas de l'engouement que son projet suscitait. Il reçut 7,64 millions d'euros, pour assouvir son fantasme. Sans s'en rendre compte, il avait gravi bien des marches, et son nom, à sa grande surprise, ouvrait des portes.

Il inventa la boîte l'Apocalypse. Sur scène, il disait en une seule ligne : « *Je suis barman à l'Apocalypse !* » Et maintenant, l'enseigne se balançait en haut, brillant de tous ses néons. Une centaine de personnes avait érigé le bâtiment. Gad ne croyait pas qu'un lieu sorti de son imagination pût prendre forme en technicolor. Il vivait un étrange et joli rêve.

Il appréhendait seulement un peu de le mettre lui-même en scène. Aussi, il appela son cinéaste fétiche Merzak Allouache, puis, fort du pécule amassé, rassembla un casting prestigieux, Alain Chabat, Claude Brasseur qu'il avait apprécié dans un film pourtant méconnu, *De l'autre côté de la mer*, Catherine Frot, Micheline Presle… Gad semblait pouvoir tout se permettre, porté par un personnage prenant qui exigeait chaque jour deux heures de préparation, en épilation, perruque, maquillage (autour des yeux)… Il enfilait des chaussures à talons, ajustait sa gaine pour un ventre plat, ses faux seins, et apprenait à marcher avec beaucoup de maladresse. Il supportait difficilement ces contraintes. Il songea à *Tootsie* de Sydney Pollack où Dustin Hoffman, acteur au chômage, se travestit, et au grand déguisement de Louis de Funès, par exemple, attifé en reine espagnole dans *La Folie des grandeurs*. Que de modèles encombrants ! Il voulait éviter de sombrer dans la caricature de *La Cage aux folles*, et il y parvint, grâce au côté attachant et tendre de son héros. Le refus de la méchanceté, le discours contre l'intolérance auraient pu transformer le récit en prêchi-prêcha assommant, il n'en fut rien.

Presque dix ans après ses débuts, il pensait enfin se hisser au sommet du cinéma français. *Chouchou* arriva au printemps 2003, précédé de commentaires peu amènes. Le Gad Elmaleh acteur aura souvent divisé et opposé les journalistes. *Télérama* se demanda si ce personnage méritait qu'on lui consacrât un film entier. « *Sans doute, si l'auteur – épaulé par le cinéaste algérien Merzak Allouache dans un registre qui ne lui est guère familier – s'était un peu plus foulé : intrigue chaotique, personnages secondaires insignifiants ou ridicules, scènes attendues escamotées par une mise en scène en roue libre, on regrette de voir un vrai talent comique si mal se servir*[1]. »

Le *Figaroscope* ne fut pas d'un enthousiasme débordant : « *La virtuosité de cet acteur qui réussit à se travestir en demeurant émouvant et jamais ridicule n'est pas en cause. Mais le film s'étire faute d'histoire et de personnages crédibles. Dommage*[2] *!* » Quelques autres journalistes reprochèrent le manque de folie et de profondeur du film, tout en louant la composition jamais ridicule de Gad qui dut lire avec étonnement la bonne appréciation du pourtant très difficile hebdomadaire *Inrockuptibles* : « *La très bonne idée, c'est de ne pas avoir fait de la transsexualité le sujet même du film. Ici, ça fait partie de la personnalité de Chouchou, mais c'est presque accessoire. Chouchou, ce sont avant tout des yeux grands ouverts, une naïveté qui sait être roublarde quand il faut, le cœur sur la main et, bientôt, le grand amour. Gad Elmaleh a bien fait de s'écrire son premier grand rôle au cinéma*[3]. » Beaucoup d'observateurs reconnaissaient là un

1. Aurélien Ferenczi, 2 avril 2011.
2. Françoise Maupin, 19 mars 2003.
3. Olivier Niklaus, 1er janvier 2003.

sujet scabreux après bien des expériences sur le travestissement. Gad Elmaleh se grimait en Chouchou sur les plateaux de télévision, assurant une promotion efficace. Il le rendait sympathique !

Peut-être certaines critiques l'ont-elles affecté, vite effacées par un énorme triomphe public. Gad compta les chiffres vertigineux : quatre millions d'entrées ! *Chouchou* encaissa dix millions d'euros, se classant en tête des films les plus rentables de l'année (en bas de l'échelle, *Lovely Rita Sainte Patronne des cas désespérés* de Stéphane Clavier avec Christian Clavier ne rapporta que 470 000 euros pour un budget de 13 millions).

Son parcours médiatique avait été bien organisé, même si quelques dérives inattendues le perturbèrent. Sur le plateau de Thierry Ardisson, dans l'émission *Tout le monde en parle*, il fut pris à partie par un avocat juif Gilles-William Goldnadel et son entourage qui lui reprochèrent de ne pas s'engager en faveur d'Israël[1]. Gad Elmaleh, ne tenant pas à entrer dans ce débat qu'il avait soigneusement réussi à éviter, préféra quitter le plateau, se faisant traiter de lâche au passage. Les vigiles l'aidèrent à sortir de ce traquenard. Si la scène fut coupée au montage, elle alimenta les ragots de la presse, gâchant le plaisir d'une tournée promotionnelle légère et divertissante. Ces polémiques nourriront une certaine rancœur entre Ardisson et Gad Elmaleh.

Ses origines le rattrapaient, lui qui s'appliquait à faire diversion, entre le Maroc, le Canada et la France, à fuir la politique, à soigner sa différence, être un artiste social, dans la lignée des Pierre Palmade, Coluche, plutôt que Stéphane Guillon ou Christophe Alévêque. Il s'affirmait fier de ses origines, de son éducation judéo-marocaine, de son amitié avec Jamel Debouzze, sans pour autant en brandir l'étendard. Cet esclandre l'affecta terriblement, jusqu'à l'amener à annuler d'autres interviews.

1. 24 mars 2003.

Le chœur des jaloux avait commencé à tonner, lui reprochant une réussite trop rapide et trop voyante. S'il débarquait dans un hôtel, le patron le reconnaissait et lui ouvrait la suite. Il se sentait joyeux. Les signes de richesses s'accumulaient autour de lui. Il profitait pleinement de sa célébrité, en s'efforçant de mettre de côté les désavantages, les tentatives de récupération, les nouveaux amis, les hypocrites qui le rendaient méfiant, farouche. Il se sauvait par l'aisance, l'humour, le second degré, parfois insuffisants, et hésitait à se livrer.

Un buffet opulent s'offrait à lui, et il se servait avec plaisir et gourmandise. À trente-trois ans, il décrocha même ce que certains acteurs anciens et prestigieux attendent toute leur vie, une nomination aux 29e Césars, dans la catégorie « meilleur acteur ». L'Académie lui proposa de présenter la grande soirée, le 21 février 2004, aux côtés de la présidente d'honneur, Fanny Ardant. Il étrennait un nouveau costume de maître de cérémonie, comme un Dean Martin ou Sammy Davis Junior, ses idoles.

Il n'obtiendra pas la récompense suprême, face à Jean-Pierre Bacri, Daniel Auteuil, et Bruno Todeschini, dans des films un peu oubliés, plus en tout cas que la flamboyance du populaire *Chouchou* malgré ses défauts.

Le film constitua un tournant essentiel, un « déclic », comme il le dira. Il prit conscience qu'une responsabilité s'offrait à lui et qu'il ne devait pas galvauder sa nouvelle et royale position. Le producteur Christian Fechner l'avait prévenu : « *Prévoyez bien ce que vous ferez après, car l'échec de ce film vous paralysera et le succès aussi. Faites comme si ce film n'existait pas.* » Les scénarios affluèrent comme par enchantement, des *Chouchou bis*, 1, 2 et 3, des déguisements plus improbables, et aussi de bonnes idées. Il devait choisir, sacrifier certaines œuvres promises au succès. La scène le soutint, le soulagea comme un oxygène indispensable. Lire la presse l'agaçait, non pas à cause des ragots, mais parce qu'il n'en pouvait plus d'attendre des confirmations après y avoir découvert qu'il était pressenti pour des projets très séduisants. Il avait appris que Pierre Salvadori écrivait un scénario, peut-être pour lui. Entrer dans l'univers de ce cinéaste précieux l'excitait. Mais il n'avait qu'une chose à faire : patienter, profiter de la place centrale que le cinéma lui accordait, telle une prolongation du music-hall.

C'est bien en roi du box-office qu'il se rendit aux Césars. Devant le théâtre du Châtelet ce soir-là, le ballet des voitures, des hommes et des femmes élégants, battait son plein. Ce public, lui avait-on dit, avait quelque chose de particulier : égocentrique, blasé, il riait peu. Mais rien n'effrayait ce nouveau prodige du cinéma français. Il l'apprivoiserait. À peine entré, vêtu de son costume de gala, il chassa les ombres, parvint à remuer une audience assoupie, une atmosphère pesante, dosant avec justesse ses interventions. Sa légèreté, ses bons mots firent merveille.

Le monde était à lui !

17

LOUANGES ET CRITIQUES

Les succès de *Chouchou* et de ses spectacles lui avaient donné une aisance financière. Il emménagea, avec sa fiancée Aurélie Dupont, dans un magnifique appartement du Marais, 187 m^2, au sixième étage. Il n'avait pas oublié d'accrocher au mur son poster de Charlie Chaplin, de poser sa guitare près du lit. Tout était propre, en ordre. Gad déteste le bazar. Il rangeait son appartement en écoutant TSF Jazz, content d'offrir à son fils Noé une belle chambre, de nombreux jouets. Il n'avait pas oublié de placer des télévisions dans toutes les pièces, d'installer un piano, et un petit bureau contre un mur où il notait des idées de chansons et de sketchs, devant le portrait de Woody Allen. Il écrivait à la main, comme un artisan, se méfiant des ordinateurs.

Il les récitait ensuite dans sa chambre. Ce qui lui plaisait le plus, c'était de regarder les chaussons de danse d'Aurélie. Des chaussons vides, à l'abandon. Sa belle danseuse, entre les séances de kiné, les dures répétitions et les voyages, était souvent absente. Seule la délicieuse odeur de café – sa spécialité – témoignait de sa présence. Parfois, elle rentrait, les pieds en sang, au bord de l'effondrement. Il s'occupait d'elle, tentait de la divertir, de la calmer, et ne se plaignait jamais. L'exigence du métier de sa fiancée semblait supérieure à celle du music-hall. Il la protégeait, apparut plusieurs fois au balcon de l'Opéra pour voir évoluer sa gracieuse étoile. Les rumeurs couraient sur leur compte : ils avaient un enfant ensemble, s'étaient séparés, se querellaient. La liaison alimentait la légende naissante de l'humoriste séducteur. Comme Anne Brochet, Aurélie n'aimait pas voir son nom jaillir dans la lumière, de manière aussi impromptue, au point d'effacer la fragilité de son art, et de gommer une discrétion à laquelle elle tenait. Et pourtant, les bijoux de Chaumet dont elle était l'égérie l'élevaient au sommet et, sur les traces de Gad, son chemin était plein d'éclat et de romance. Elle l'acceptait malgré elle. De son côté, le comique cherchait une femme qui possédait humour, pudeur, patience, et beauté.

Il appréciait le 3e arrondissement, se promenait avec son fils Noé au square Léopold Achille, l'emmenait déjeuner au Sésame. Il profitait de cette tranquillité. Il serait bientôt confronté à cette popularité qu'il appelait de tous ses vœux – au risque de mettre en danger sa vie privée – mais qu'il aurait aussi du mal à contrôler. Avait-il le choix ? Ce moment tant attendu arrivait : la fusée décollait. Le téléphone sonnait, la télévision le voulait, les soirées de prestige le réclamaient. Il composait, un peu plus sereinement, son troisième grand spectacle, *L'autre, c'est moi*, proche du stand-up, cette discipline américaine qui l'obsédait depuis sa découverte de Jerry Seinfeld. Il ne se cacherait plus derrière des personnages mais se raconterait lui-même, interpellerait les spectateurs, s'épargnerait les comparaisons avec les personnages forts de son précédent spectacle, Coco et Chouchou qui le poursuivait déjà assez comme ça ! Il entendait jusqu'à la nausée : « J'adooore les sushis ! » Ce satané travesti lui collait à la peau comme un caramel mou. Il n'en pouvait plus, même s'il l'aimait.

Dix ans séparaient le musée Juste pour Rire, et les dix personnes qui l'y avaient acclamé, de l'Olympia, où, en mars 2004, il posa ses valises. Ce lieu fantasmatique, qui lui deviendrait aussi familier que son appartement, afficha complet jusqu'en mai (60 000 spectateurs). Son nom s'étalait en grosses lettres rouges, à l'endroit où les Beatles, Édith Piaf avaient écrit l'histoire. Ses parents, assis au premier rang, son frère Arié, qui filmait les coulisses, ne cachaient pas leur fierté. Gad avait atteint le stade où même une plaisanterie moyenne provoquait des fous rires et de gigantesques clameurs dans la salle. Disposant de moyens supplémentaires, porté par un statut de plus en plus royal, Gad ne pouvait se permettre ni de décevoir ni de se trahir. Il avait prié le musicien funky Sinclair de lui mitonner des rythmes accrocheurs, susceptibles d'accompagner son entrée, tout en noir, avec sa souplesse féline habituelle.

À la fin du spectacle, il affrontait les chasseurs d'autographes agglutinés dans la rue. Il savait aussi que certains admirateurs avaient arraché des billets au marché noir. « *Il est totalement en phase avec les gens. Ils se retrouvent dans son humour, quelles que soient leurs obédiences religieuses et leurs origines sociales*[1] », confia Arnaud Delbarre, le directeur de la prestigieuse salle au *Parisien*. Delbarre n'avait vu pareil engouement que pour deux autres artistes, les chanteurs Florent Pagny et Michel Sardou. Gad Elmaleh venait d'entrer dans ce cercle fermé, dix ans après ses débuts sur une scène confidentielle de Montréal.

Il cultivait sa place très particulière dans le milieu du rire, loin des provocations et du cynisme général, comme le remarquait *Libération* : « *L'ambiance est bon enfant, à l'image d'un spectacle qui se cantonne volontiers dans le cadre du comiquement correct : des sports d'hiver à la boîte de nuit, en passant par le voyage en avion et les programmes télé, les sujets développés par Gad Elmaleh ne sont pas de ceux qui fâchent et sa satire des comédies musicales, façon Notre-Dame de Paris, aussi drôle qu'elle soit, ne lui vaudra aucun ennemi. On reste loin de la violence de l'histoire franco-algérienne revisitée par la grâce de Fellag, ou de la folle noirceur des*

1. « Gad Elmaleh, on l'adooooore », Hubert Lizé, 23 avril 2004.

personnages qu'imagine Valérie Lemercier[1]*.* » » Il évoque cependant un peu plus loin l'intelligence du corps, son talent de mime hérité du père qui produit désormais ses spectacles et surveille en coulisses le bon déroulement de l'aventure. Le journaliste loue aussi la finesse d'observation de l'artiste.

Gad évitait les conflits, prenait soin de ne pas choquer les publics. Le Juif marocain avait trouvé la voie à suivre, celle, comme le souligne le journaliste René Solis, d'un Sud moqueur face au blond « à qui tout réussit ».

Il avait le soutien de la grande presse, comme *Télérama* ou le *Parisien,* qui voyait en lui « *l'un des comiques majeurs de sa génération*[2] ». Mais d'autres journaux commençaient à regimber contre cet unanimisme et le défaut d'engagement de l'artiste. Le chroniqueur de *Valeurs actuelles*, Basile de Koch, attaqua son style bien plus tard lors d'une diffusion du spectacle sur M6 : « *Pas de vulgarité ni d'obscénité donc, mais guère plus d'aspérités intellectuelles dans ce spectacle garanti tout public : rien que de l'humour lisse, pasteurisé, aseptisé*[3]*.* » Sa position gênait les tenants de la provocation, de la polémique, il s'en rendait compte, sans se résoudre à changer quoi que ce soit à son humour « *interdit aux plus de sept ans* », selon la formule fielleuse de Basile de Koch qui jugea une plaisanterie bêtasse : Gad enfile un loup de carnaval puis appelle un ami sur son portable. « *Allô, c'est moi ! Je t'appelle en masqué !* »

Il a cependant plusieurs fois consenti à descendre dans l'arène aux lions, à propos de l'affaire Dieudonné accusé d'antisémitisme. « *Les gens qui dérapent sont ceux qui se déplacent. Dieudonné doit être jugé pour ces idées-là. Il trimballe des idées graves, antisémites, il doit être condamné, il va très très loin. Cela me met en colère, surtout*

1. « Gad Elmaleh, le corps du délire », René Solis, 15 avril 2004.
2. « Gad Elmaleh réjouit les foules », Pierre Vavasseur, 15 mars 2005.
3. « Esprit, es-tu là ? », 8 septembre 2011.

de la part d'un artiste. Nous sommes forts, dans la lumière, et nous ne devons pas profiter de notre situation pour délivrer des messages aussi douteux. Dieudonné est ignorant. Il confond tout, le sionisme, les religions, les musulmans, les islamistes. Il n'est pas citoyen, il n'est pas l'héritier d'une tradition de paix. Moi, j'ai envie de l'être[1]. » Dieudonné lui adressa une réponse : « *Gad est comique de profession. Il se plébiscite. Il n'est pas assez en confiance. Il commence tous ses spectacles en rigolant. Je ne l'embauche pas*[2]. »

Gad n'a jamais goûté la polémique. Peu lui importait. Il défendait les idées à travers son imaginaire, et le public ne se déplaçait pas pour entendre des provocations. Il éprouvait un sentiment de bonheur face à la morosité suicidaire d'un Dieudonné.

Et l'amour le sublimait. Il passa l'été à New York avec Aurélie Dupont, en amoureux passionné, moments volés au travail, au stress. Il la faisait rire, elle se montrait vive et inspirée, pleine d'idées. Il songeait même à avoir un deuxième enfant avec elle, dès que leurs occupations le permettraient.

Il se demandait où en était le projet de Pierre Salvadori, mais n'osait pas l'appeler. N'ayant aucune nouvelle, il pensa qu'il n'avait pas trouvé les financements et que son idée n'avait pas séduit. Il ne maîtrisait pas le destin et les désirs du cinéma.

Il contrôlait mieux sa vie sur scène. Il poursuivit sa tournée, dans des salles de plus en plus grandes, au Zénith de Toulouse, le 18 janvier 2005, puis à Lille où l'attendaient 3 000 personnes, et une maire sous le charme, Martine Aubry. Il avait choisi avec soin sa première partie, donnant sa chance au chanteur Martin Rappeneau, le fils du cinéaste de *La Vie de Château* et des *Mariés de l'an II*.

Il devait accorder du temps à des requêtes prestigieuses et accepta – une bonne habitude – de présenter pour la deuxième

1. Laurent Weil, Canal +, décembre 2013.
2. No Name TV, interview de Barhan.

année consécutive la cérémonie des Césars, présidée cette fois par Isabelle Adjani. Il se glissait avec tact et finesse dans l'écrin guindé d'un 7e art où le petit exilé au Canada semblait s'être ménagé une place au soleil.

Il ne touchait plus terre, comme un marin parti en mer, sans envie de retour. L'Olympia lui était réservé. Il soignait la trésorerie de la salle du boulevard des Capucines. Il avait annoncé son retour un an plus tôt, et les billets s'étaient envolés en quelques heures. Le public trépignait, fiévreux, bouillonnant, une ferveur tellement absente sur les plateaux de cinéma, trop silencieux. Un beau mois joyeux le porterait, entre le 15 mars et le 15 avril.

Il grandissait, sans trop d'appréhension. Les scènes importantes ne le troublaient plus. Les rires mettaient davantage de temps à lui revenir, et il devait interpréter son texte avec plus d'amplitude que de force. Il ajoutait des idées, des notations sur la vie quotidienne : la difficulté de marcher avec des chaussures de ski, l'ivrognerie, l'imitation de la danse contemporaine… Il adoptait une voix « d'australopithèque ». Ces petites choses l'élevaient vers une forme de consécration.

Mais le plus dur restait encore à faire, gérer le succès, la demande, car le cinéma, depuis l'audience de *Chouchou*, le courtisait, et il n'était pas question pour lui de renoncer à l'une ou l'autre de ses activités. Installé à Olympia, il avait bien l'intention de poursuivre son métier de comédien au sommet. L'exigence montait de niveau. Comment résister à un film avec Gérard Depardieu. La réalisatrice Florence Quentin leur avait envoyé le scénario de *Olé !* tout en appréhendant son audace. Gad semblait être passé du côté des vedettes intimidantes, loin du petit cousin des débuts. Les deux étoiles acceptèrent le projet, sans doute à la grande surprise de la cinéaste, persuadée qu'un tel attelage n'allait pas être une partie de plaisir, mais comme la scénariste de *La Vie est un long film tranquille*, alors cinéaste débutante, le dira dans le dossier de presse du film, elle « *avait envie de se les coltiner* ».

Gad interprétait le chauffeur à tout faire de l'homme d'affaires François Veber, incarné par Depardieu. Sabine Azéma complétait la distribution. Gad rejoignit l'équipe avec un grand plaisir, malgré les tourments auquel ce nouvel engagement de prestige (surtout qu'il tenait le premier rôle face au Géant) l'exposait. Il commença à répéter les premières scènes avant l'arrivée de Depardieu. Il lui fallait être prêt, compenser son manque d'expérience. Florence apprécia sa contribution, peut-être parce qu'elle sut le rassurer mieux que Luc Pagès, comme Patrice Kerbrat naguère. « *Il a un talent poétique*, s'enflammera-t-elle. *Le personnage qu'il interprète est assez loin du couillon de la lune qu'il fait sur scène. Il est très doué et je sais maintenant qu'il a un potentiel immense. Il n'est qu'au début de ce qu'on va faire avec lui au cinéma. Il peut tout jouer. Vraiment, c'est étonnant. On sent tellement que l'émotion passe… Il va du rire aux larmes, c'est un Buster Keaton. Il a ces espèces d'yeux immenses dans lesquels on se noie, ce charme fou. Et puis dans le film il est beau, élégant, vraiment mignon comme un cœur*[1]. »

Il accepta une forte dose de travail, pendant plusieurs semaines se leva aux aurores, débarquant sur le plateau au petit matin. À 17 heures, l'assistant de Depardieu lui cuisinait un plat de pâtes, puis il se précipitait à l'Olympia afin de jouer son spectacle *L'autre, c'est moi*. « *Vu la tension accumulée, il devait se coucher vers deux heures du matin. Et le lendemain, ça recommençait*, se rappela Florence Quentin. *Je me demande comment il a tenu*[2]. » Il trouva le temps d'honorer un rendez-vous avec les lecteurs du *Parisien*, et débarqua dans les salons Scribe, le visage mangé par des lunettes

1. Dossier de presse du film.
2. Catherine Schwaab, « Portrait d'un petit gars de Casa qui parle aussi bien hébreu qu'arabe », *Paris Match*, 5 décembre 2005.

noires, essayant de dissimuler sa fatigue et sa nervosité. Il refusa que ses admirateurs le suivent dans sa loge, déclina la coupe de champagne – « Jamais avant le spectacle ! » – puis disparut à vive allure.

Il n'avait plus le temps de voir sa compagne Aurélie, silhouette un peu plus étrange. Si beaucoup d'amis – Alain Chabat, Arthur, Roschdy Zem, Élie Semoun – vinrent lui rendre visite sur le plateau, la danseuse étoile ne fit jamais le déplacement, elle-même très occupée.

Il trouva paradoxalement une sorte d'équilibre à maintenir ses deux activités. La chaleur et la tonicité de son partenaire lui donnaient de la force. Depardieu se rendit compte du manque d'assurance de Gad et s'efforça de l'apaiser. L'un pouvait gueuler sur le plateau, bousculer l'équipe, l'autre gardait une certaine réserve sans se départir de son humour. Ils s'amusèrent bien, et garderaient un bon souvenir du tournage. Depardieu poussa même la complicité jusqu'à se rendre un soir à l'Olympia, sans prévenir Gad. Une soirée fut organisée au VRP Room, et le comique présenta Aurélie. Les fêtards tombèrent sous le charme de la jeune femme.

Les mauvaises critiques atténuèrent à peine cette amitié. C'était ainsi. La scène ressemblait à un chemin de fleurs, le cinéma à un champ de mines.

« *La comédie n'est plus qu'un vague assaisonnement de situations poussives, et la sauce ibérique a un goût artificiel*[1] », gémit Frédéric Strauss dans *Télérama*. La promotion fut savamment orchestrée. Gad et Depardieu posèrent à la une de *Paris Match* : « *Partie de fous rires – dans l'intimité, les nouveaux amis se déchaînent.* » Le photographe eut l'idée de les allonger dans un lit, côte à côte. Depardieu mima la masturbation. « *Tête qui suce n'amasse pas*

1. 27 août 2011.

musse. Cela me rappelle les valseuses. Où qu'elle est Miou Miou[1]. » Gad affectait la consternation.

Amis ? Peut-être pas autant… Mais une estime forte souda les deux hommes. La tournée promotionnelle s'enchaîna, prenante, exagérée. Chacun avait à y gagner.

Gad sortit du film épuisé, rincé. Il avait réussi à mener ensemble ses deux navires, l'écran et la scène. Le troisième était cependant resté à quai : l'amour qui une fois encore semblait s'évaporer.

1. Romain Clergeat, « Les nouveaux compères », *Paris Match*, 1er décembre 2005.

18

LE CHEVALIER

Il n'avait pas encore joué dans de grands films, et il craignait que son image fût brouillée, confuse, du moins à côté de la vérité. On le disait beau, mignon, fortuné. « *J'espère ne pas correspondre au cliché du bellâtre à qui tout réussit. D'ailleurs, je joue en ce moment François Pignon qui, malgré son côté looser, est à mes yeux un véritable héros. Le héros, ce n'est pas celui qui gagne mais celui qui dure*[1] », confia-t-il à *Marie-Claire*, heureux de parler dans ce journal parce que, avoua-t-il, sa mère en est une fidèle lectrice.

Les maîtres de la comédie, dont il avait apprécié les films au Maroc, prenaient contact avec lui. Il n'avait pas hésité lorsque Francis Veber lui avait proposé d'endosser le costume mythique de François Pignon. Son spectacle *L'Autre, c'est moi* se terminait. Il voulait se consacrer à son métier d'acteur. Pierre Salvadori s'était manifesté, souhaitant l'engager dans son nouveau projet. Le comique remplissait son agenda de cinéastes renommés, et d'actrices idéales (Audrey Tautou serait à l'affiche du Salvadori).

En 2005 – c'était décidé – il gagnerait ses galons de prince de comédie, heureux de se confronter d'abord au fameux nigaud créé en 1971 par Francis Veber dans une pièce, *Le Contrat*, ultérieurement adaptée au cinéma sous le titre *L'Emmerdeur*, où Jacques Brel importunait un Lino Ventura atrabilaire. Plusieurs comédiens relèveront le gant avec réussite, dont Pierre Richard

1. Christophe Carrière, « Planète Gad », 1er octobre 2005.

dans *La Chèvre* en 1981 et Jacques Villeret, dans *Le Dîner de cons* en 1998.

C'est bien toute une histoire, un certain âge d'or de la comédie française que Gad avait à l'esprit en franchissant, la boule au ventre, le porche luxueux de l'hôtel George V pour rencontrer le fameux créateur. La conversation tourna autour des choses de la vie, et le comique se détendit.

Gad apprendra plus tard qu'il n'avait pas été le premier choix du réalisateur. Son succès de *Chouchou* n'empêchait pas la concurrence de faire rage. S'il n'affrontait pas l'épreuve du casting, son nom était jeté au milieu de beaucoup d'autres. Jamel Debouzze avait refusé le rôle, et la production Gaumont s'était mise en tête de chercher un jeune comédien susceptible de redonner vie au personnage légendaire, mais avait eu bien du mal à trouver quelqu'un. Les stars du one-man-show, Franck Dubosc, Jean Dujardin, et Gad Elmaleh, paraissaient des candidats crédibles. Veber savait que le public se déplacerait pour les entendre dire « cassé », comme dans *Brice de Nice* de Dujardin, ou « j'adooore les sushis ». Le créateur de Pignon voulait rajeunir son anti-héros, en évitant surtout de rappeler Pierre Richard. « Était-ce un risque de prendre Gad ? » s'interrogea le réalisateur. « *Je n'en sais rien et je ne sais pas vraiment si on peut le considérer comme quelqu'un de "bankable", surtout dans mon cinéma puisque je pense lui avoir offert son vrai premier rôle. Je l'ai simplement pris parce que c'était le meilleur pour ce costume*[1]. »

En un mot, Veber effaçait tout ce que Gad avait accompli jusque-là, des petits films il est vrai, sous l'égide de réalisateurs en devenir. Il paraissait douter de la capacité du comique à passer durablement de la scène au grand écran, et à rapporter de l'argent. Avec vingt millions d'euros de budget et une

1. MyTF1 News, 6 octobre 2006.

Gaumont exigeante, il ne pouvait s'embarquer sur un mauvais chemin. De toute façon, il découvrait une nouvelle génération d'acteurs, et n'en connaissait personnellement aucun. Gad y croisa le « Ch'ti » Dany Boon qu'il estimait beaucoup, persuadé qu'aucune rivalité ne polluerait leurs relations... Veber avait choisi Alice Taglioni, en regardant ses essais devant la caméra, et ne regretta pas sa décision (il ne l'avait pas retenue lors d'un film précédent, *Le Placard*, et elle en avait été attristée). « *Elle est magnifique. Elle a de l'or entre les mains. C'est notre Julia Roberts*[1] *!* » s'enflammait Gad. Et la jeune femme ne cachait pas sa joie de presque débutante enfin engagée sur un film notable intitulé *La Doublure*, avec pour mission d'être la plus séductrice possible.

Le tournage se déroula en juillet 2005 (un mois seulement après le clap de fin d'*Olé !)*. Gad ne put profiter longuement de sa famille, contraint de repartir.

Il savoura un joyeux moment. Le soleil baignait la place de Chaillot, cet après-midi-là. Il écoutait avec joie et application les directives d'un homme coiffé d'une casquette, Francis Veber. Un paparazzi surprend un milliardaire (Daniel Auteuil) en compagnie de sa maîtresse, Elena. Le coupable s'efforce de cacher le scandale et veut éviter un divorce qui pourrait le ruiner. Il remarque, sur la photo du paparazzi, un passant, François Pignon, et affirme à sa femme (Kristin Scott-Thomas) qu'Elena fréquente cet homme, voiturier dans un restaurant chic.

Gad avait fini par éviter de se promener dans la rue car les passants l'arrêtaient et l'apostrophaient : « Alors c'est vous le prochain Pignon ? » Ce personnage appartenait-il donc au patrimoine, comme Tartuffe ou Tartarin de Tarascon ? Un échec lui coûterait cher.

1. « Voilà Gad Elmaleh en François Pignon », Alain Grasset, *Le Parisien*, 12 juin 2005.

Il essaya de ne pas songer à ses prédécesseurs, refusa l'imitation. Le scénario de Veber faciliterait son travail. Jamais Pignon n'avait été entouré d'autant de femmes, Alice Taglioni, Virginie Ledoyen, et Kristin Scott-Thomas. Il ne lui restait plus qu'à s'adapter, à créer un Pignon moins benêt, plus émouvant que ses aînés au risque d'affaiblir le personnage.

Il apprécia la perfection du cinéaste, le temps de recommencer si d'aventure le jeu n'était pas en place – il n'avait jamais connu un tel luxe – et eut le plaisir de voir arriver, en moto, pendant le tournage, Gérard Depardieu, venu saluer Veber et l'équipe. Il faisait désormais partie de la caste.

Il fut satisfait de son travail, mais n'eut pas le loisir de se reposer car il dut prendre le train pour Biarritz où l'attendait l'équipe de Salvadori qui espérait réaliser un film proche des grandes comédies romantiques américaines, comme *Diamants sur canapé* de Blake Edwards (*Breakfast At Tiffany's*). Dans son esprit, Gad Elmaleh incarnait une sorte de Cary Grant à la française. Oui, il était le joli garçon doté d'humour. Et à l'écran, ce duo-là marchait bien.

Le sujet de *Hors de prix* reposait sur un quiproquo : un serveur timide, Jean, se fait passer pour un milliardaire auprès d'une jeune fille, sur fond de grand hôtel. Salvadori pensait que Gad composerait un Jean parfait, un homme d'abord neutre, invisible, qui pourrait acquérir, au fil des péripéties, une certaine élégance, un côté magique. Il trouva à Gad les mêmes qualités que les autres réalisateurs en général, ce corps burlesque, très élastique, une habileté à occuper l'espace.

Après Cécile de France, Alice Taglioni, Gad avait pour partenaire Audrey Tautou. Le « beau garçon » atterrit dans le cadre luxueux de l'hôtel du Palais, prêt à ranimer le beau parfum du *Ciel peut attendre* de Lubitsch. Le magnifique écrin avait été réservé à l'équipe du film. Les acteurs se prélassaient comme des princes, dans des suites et des salons cossus. C'était cela, le cinéma, tel qu'il le vivait : une existence de nabab. Et beaucoup de travail aussi.

Dès sa première séquence, Gad fut précipité dans l'ambiance. Salvadori lui avait prévu une scène digne de son idole Chaplin : il promenait les toutous de riches vacancières.

Il ne vit pas les journées passer, s'entendit bien avec Audrey Tautou, apprécia sa manière de renvoyer la balle. Il ressortit du tournage heureux mais fatigué, après avoir, encore une fois, fait part de ses doutes, craignant de ne pas être à la hauteur de sa partenaire. Il ne parvenait pas à surmonter la légère inquiétude qui l'assaillait devant les caméras. Tout allait si vite.

Il avait enchaîné les tournages et les réceptions officielles, emporté dans un tourbillon médiatique sauvage. Même le gouvernement s'intéressait à lui. Devait-il accepter de tels honneurs ? Il songea à une pièce de Sacha Guitry où un personnage dit : « Il faut absolument que j'aie cette Légion d'honneur. » Sa femme lui répond : « Mais qu'est-ce que tu en as à faire ! » L'homme soupire : « Écoute, le gouvernement serait tellement vexé ! » Penser à Sacha Guitry lui flanqua le spleen ! Il avait donc vieilli tant que cela ?

Il irait, pour sa mère, ses amis, le Maroc, ceux qui avaient cru en lui, en souvenir de l'ancien cancre. Le 26 mars 2006, le jour de la sortie de *La Doublure*, le ministre de la culture Renaud Donnedieu de Vabres le fit officier des Arts et des Lettres.

« Vous brocardez avec beaucoup d'intelligence et de finesse nos manies, nos absurdités quotidiennes, à l'image de ce vide-poches que vous décrivez, qui orne la plupart de nos intérieurs, ce vide-poches qui contient des pièces de meubles à monter soi-même, ces fameuses pièces qui nous restent dans la main une fois qu'on pense avoir terminé de monter le meuble, des piles usées, des clés qui ouvrent des boîtes depuis longtemps à la poubelle et des boutons de rechange de costumes que l'on ne met plus. Un concentré de contradictions

universelles, de schizophrénie ordinaire, dans lesquelles chacun se retrouve à un moment ou à un autre de votre spectacle. »

Dans les beaux salons de la rue de Valois, sous les lustres dorés, le ministre poursuivit : « *En une décennie, votre travail assidu, votre charme, votre intelligence, votre talent, votre justesse dans le verbe et dans le geste n'ont cessé d'attirer les Français et vous êtes un acteur de tout premier plan. J'ai entendu dire qu'apprenant que vous alliez être chevalier, vous aviez réclamé un cheval. "Sans autodérision, je crois qu'on ne peut pas survivre", avez-vous ajouté. Vous avez raison et c'est sans doute aussi ce qui explique cet amour inconditionnel que vous portent les Français.* »

Gad, en présence de l'ambassadeur du Maroc, Fathallah Sijilmassi, et de son ami Arthur, ne dissimula rien de son émotion, remercia sa bonne étoile de lui avoir fait rencontrer « *la France et sa république* ».

Cette récompense ne l'empêcha pas de trembler. *La Doublure* de Francis Veber qu'il portait sur ses épaules devait, sous l'œil d'un cinéaste très connu, marquer une étape dans sa progression. Une anxiété le tenaillait, et toutes les médailles de la terre n'y changeraient rien.

Une critique mitigée accueillit cette nouvelle aventure du héros français. Du côté des partisans, se tenait *Paris Match* : « *Mission accomplie, cette comédie sentimentale vous fera exploser de rire. Gad Elmaleh joue avec brio la carte de la simplicité en composant un Pignon très attachant, moins empoté que ses prédécesseurs, tandis que Dany Boon excelle en copain parasite*[1]. » Dans *les Inrockuptibles, on* évoqua une morale douteuse avant d'ajouter : « *On rit à la profonde hébétude de Gad Elmaleh, à l'hystérie de Daniel Auteuil, à l'hypocondrie de Michel Aumont. Lâchés dans les tribulations du comique de situation, les personnages propulsent une*

1. Alain Spira, 21 avril 2006.

armada de répliques acérées dont l'ensemble forme une comédie plutôt convaincante[1]. » *Le Monde*, sous la plume de Jean-Luc Douin, tacla Gad Elmaleh sans lui tenir rigueur de son échec : « *Bridé, il n'y affiche pas toutes les facettes de son talent, contraint de laisser ses comparses déployer leur charme (Alice Taglioni), leur professionnalisme (Auteuil, Richard Berry), ou en faire trop (Dany Boon). Une comédie assez conventionnelle où la morale est sauve et les effets un peu téléphonés*[2]. » *Télérama* ne se départit pas d'une certaine logique, toujours prêt à relever les invraisemblances : « *Pignon, c'est en principe l'homme invisible, celui que les femmes, distraites ou pressées, ne songent même pas à regarder. Veber a eu beau coiffer Gad Elmaleh comme personne ne se coiffe plus depuis trente ans et l'habiller comme un sac, l'acteur reste si joli garçon qu'on a bien du mal à comprendre l'indifférence que lui manifeste la fille qu'il aime (Virginie Ledoyen). Qu'Alice Taglioni, qui incarne, elle, un top model naïf et sentimental, ne quitte pas le salaud qui lui sert d'amant pour ce joli jeune homme tendre et discret est un des nombreux "mystères" du scénario de Francis Veber*[3]. » Des gags rares, peu de surprises. L'affaire paraissait entendue. Gad cherchait son Howard Hawks qu'il finirait par trouver. Évidemment, *La Doublure* remporta un joli succès, plus de trois millions d'entrées. Lors de sa rediffusion sur TF1, en 2014, le film battra de quelques millions de téléspectateurs l'inamovible *Corniaud*, avec Louis de Funès et Bourvil. Symbolisant un certain déclin de Francis Veber, cette œuvre ne connaîtra pas la même postérité que ses classiques. Mais Gad se délectera des quelques phrases aimables lâchées à son endroit. « Joli garçon ! » Oui, c'est bien ce qu'il entendait. La scène ne lui renvoyait jamais son physique, mais le cinéma ne s'en privait pas.

1. Émily Barnett, 1er janvier 2006.
2. 29 mars 2003.
3. Pierre Murat, 29 mars 2006.

19

L'HOMME LE PLUS DRÔLE DE L'ANNÉE

Beaucoup de professionnels du cinéma venaient assister aux spectacles de Gad Elmaleh comme une vitrine de son meilleur talent, et procédaient à un casting sur place.

Pierre Salvadori, Francis Veber et tant d'autres eurent ainsi tout le loisir d'observer l'auteur de *La Vie normale* dont la loge bouillonnait de projets et de rencontres.

Pendant l'année 2006, les récompenses et éloges pleuvèrent sur lui. Il les accueillit sans triomphe, honorait les invitations, conscient de l'attente que son travail suscitait. Le 12 juin, il reçut le prix SACD du meilleur one-man-show. Il faisait doux dans les jardins et salons du 11bis rue Ballu, à l'ombre du buste de Beaumarchais, le créateur en France des droits d'auteur. La fête se prolongea tard dans la nuit. Gad se sentit comblé, entouré de sollicitations chaleureuses, de propositions, d'idées. Une vieille connaissance Caroline Thivel, la scénariste de *Salut cousin !* l'aborda. « *J'étais invitée en tant qu'auteur. Je vois Gad, et je me dis : "Faut y aller ! Aborde-le !" Je suis allée, en me disant qu'il ne me reconnaîtrait pas, et il m'a reconnue. Je lui ai dit, comme ça, au flanc, en rigolant, j'adorerais travailler avec toi ! Mais bon, je n'y croyais pas. Je ne me pensais pas suffisamment bankable car lui était devenu une star. Quelques jours après, il m'a appelée en me disant : "Je fais un casting de scénaristes !" Je ne sais pas si c'était une plaisanterie ou s'il en a vu d'autres. Il partait d'un sketch avec plein de scènes, de personnages, et il avait besoin d'une dramaturgie pour tout mettre en ordre*[1]. »

Il ne donna plus signe de vie, mais Caroline eut foi en sa parole, même s'il ne devait pas manquer de collaborateurs. Le comédien ouvrait les portes. Il nourrissait un projet ambitieux. Elle le lisait dans ses yeux. Des rumeurs lui prêtaient un projet de réalisation au cinéma. Elle voulait rejoindre l'équipe. Il reviendrait vers elle.

Gad flottait sur toute cette reconnaissance, même si sa relation avec Aurélie Dupont s'éteignait doucement. « *L'absence aggrave l'absence*, avait-il déclaré à *Paris Match*. *Moins je vois l'autre, moins j'ai envie de la voir*[2]. » Il n'avait pas changé, tout en prétendant aimer le couple, mais sa charge de travail, ses sorties la nuit, ses plaisirs l'empêchaient de mener une existence stable. Il désirait ardemment ce premier film ! C'était tout ce qui comptait. Et la popularité, la consécration l'aideraient à décrocher la lune. Tant de rêves d'enfant le portaient.

Il avait reçu de la France honneurs, consécration, amours, famille. À trente-cinq ans, plus agité que jamais, rongé par l'angoisse du lendemain, du déclin, de la solitude, il appréhendait la suite. Aucune de ses journées n'était vide. Dans la solitude de son vaste appartement, à sa table de travail, après le clap de fin de *Hors de Prix*, il avait commencé à écrire son troisième grand spectacle.

Papa est en haut, s'inspirait de la chanson pour enfants, *Fais dodo, Colas mon p'tit frère* :

> *Fais dodo,*
> *Colas, mon p'tit frère.*
> *Fais dodo,*
> *T'auras du lolo.*
> *Maman est en haut*

1. Interview avec l'auteur.
2. Catherine Schwaab, « Gad Elmaleh », 13 mars 2006.

Qui fait du gâteau.
Papa est en bas
Qui fait du chocolat.

« *J'espère que le prochain, ça ne sera pas Maman est en bas !* » commençait-il, en riant. Il lui arrivait de jouer quelques scènes de son futur one-man-show devant sa sœur Judith. Ses thèmes embrassaient l'éducation, la paternité, la difficulté d'élever un petit quand vous êtes célèbre. Il avait eu peur d'être incapable de se renouveler, peur de sécher. Le cinéma à côté lui paraissait léger, moins engageant. Et puis l'inspiration était revenue, il avait retrouvé l'excitation de l'écriture. Il pouvait jouer dans un mauvais film, mais n'avait pas le droit de ne pas réussir un spectacle.

Il avait prévu d'y intégrer de l'humour noir. Pourquoi pas une blague sur l'inceste ? Nous ne l'entendrons jamais. En effet, il la tenta un soir. Le public demeura glacial. À la deuxième tentative, le lendemain, l'audience resta encore de marbre. Gad avait compris depuis longtemps que son art lui demandait beaucoup de souplesse, d'adaptation.

Son œuvre laissait transparaître une frustration secrète. Sa vie sentimentale ne l'avait pas comblé malgré un merveilleux fils, qu'il essayait d'élever le mieux possible. Il pensait repartir en Amérique. Le Canada le réclamait, mais c'est bien New York qu'il souhaitait découvrir. Combien de fois il s'était imaginé à Broadway et Hollywood ! Encore ces satanés rêves d'enfant conçus sur les bords de mer, à Casablanca, à la belle étoile. Ils ne vous lâchent jamais !

Il avait décidé de réserver une salle et de s'y produire. Il faut croire que rien ne lui résistait : devenir le premier humoriste français à voir son nom briller en lettres d'or sur la mythique avenue de Broadway. Un vœu exaucé ! Trois mille expatriés, francophones évidemment, se bousculaient devant le Beacon Theater.

Il ressentit autant d'exaltation que lors de son premier passage à l'Olympia. Il avait entrouvert la porte du Nouveau Monde, heureux de porter, sur une autre terre, *L'Autre, c'est moi* (avant de jouer son suivant, *Papa est en haut*), de s'amuser des cours d'anglais, et de la médiocrité de l'enseignement des langues en France :

« Where is Bryan ?

Et toi, comme un idiot, tu répondais sagement : "Bryan is in the kitchen".

Il m'a traumatisé ce Bryan parce qu'un jour j'ai rencontré un grand producteur de cinéma américain et il vient vers moi et il dit "Hello, my name is Bryan", j'lui ai dit : "Go in the kitchen". »

Il avait encore beaucoup de chemin à parcourir avant de conquérir cette immense nation, d'effacer des mémoires Maurice Chevalier ou Charles Boyer. Il attaquerait son ultime défi.

Sa charge d'obligations restait lourde, rançon réservée aux têtes d'affiche. Les réceptions succédaient aux tournées promotionnelles, les tournages aux spectacles et aux séances d'écriture. Les saisons filaient. Et Gad, l'homme pressé, le stakhanoviste du spectacle, ne ralentissait pas le rythme. Il revint à Paris pour accompagner la sortie du film de Salvadori, *Hors de Prix*, le 13 décembre 2006. La critique s'empoigna à nouveau sur le sujet. *Télérama* publia un « pour » et un « contre ». Jacques Morice y fut favorable, avec des arguments convaincants : *« D'un côté, Audrey Tautou, savoureuse en poule de luxe, gouailleuse mais pas trop, qui sort des trucs irrésistibles comme "j'aime pas le caviar, mais je me force, et je me dis qu'un jour, ça viendra". De l'autre, Gad Elmaleh, pour une fois dans la retenue, gracieux dans les arabesques de ce cinéma graphique pas si éloigné de Tati ou de Keaton. Tout est à sa place, le luxe est luxueux, rendu à son scintillement, et l'amour, qui grise soudain, libère de l'argent*[1]. » *Libération* jugea l'œuvre un peu sage : « *Lorgnant du côté de la comédie américaine élégante des années 50, le nouveau film de Pierre Salvadori* (Les Apprentis, Après vous...) *est un divertissement pas toujours aussi rythmé qu'on pourrait le souhaiter mais qui bénéficie du charme incontestable et additionné d'Audrey Tautou, très belle en robe aux décolletés ahurissants, et de Gad Elmaleh, dandy lunaire faussement maladroit*[2]. » Le journal accusa le film d'être moralisateur, rejoignant le reproche fait à Gad sur son manque d'engagement, sa neutralité.

Il eut la chance de séduire deux grandes revues, les *Cahiers du Cinéma* qui écrivit : « *Salvadori retrouve les codes et les impératifs harmonieux de la comédie romantique* ». *Positif* fut aussi louangeur : « *Dans cet allègre jeu de dupes, le spectateur lui-même se trouve pris au piège de la magie et des rêves du cinéma* ».

Il se rendait compte que les Français venaient le voir, même s'il espérait un jour se sauver de la comédie afin d'enrichir sa palette. La place qu'il occupait le satisfaisait, celle de « comique préféré des Français », dans les différents classements ou émissions de télévision, « homme le plus drôle de l'année », élu le 6 janvier 2007, sur TF1, devant 49 confrères. Il avait besoin de reconnaissance, n'était jamais rassasié.

Cette casaque flamboyante d'homme « le plus drôle de France » pouvait facilement devenir une guenille si d'aventure son troisième grand spectacle, *Papa est en haut* qu'il jouerait pendant les deux années à venir, ne plaisait pas. Comme chaque fois, il ressentait beaucoup d'appréhension. Il appliquerait sa méthode habituelle, en « colimaçon », rôder le spectacle dans de petites salles, adapter les gags puis peaufiner l'ensemble jusqu'à le rendre presque parfait. Sa sœur Judith qui s'occupait de la mise en scène se tenait à ses

1. 13 décembre 2006.
2. 13 décembre 2006.

côtés, attentive. Elle lui suggérait quelques changements, et il l'écoutait. Elle ne le flattait jamais indûment. Aucun conflit n'éclatait entre eux.

Après avoir entendu les avis critiques de Judith, il inaugura le spectacle *Papa est en haut* au festival de Poupet, à Saint-Malô-du-Bois en Vendée, le 27 juillet 2007, se rendit à Montréal quelques jours plus tard, au festival Juste pour Rire, et à Tunis, dans la ville mythique de Carthage. Il reprit son sac de voyage, comme un missionnaire du rire. Des milliers de personnes l'acclamaient. Il attaqua ensuite le tour de France et rayonna sur tout le territoire, savourant sa route triomphale. Un million de places s'écoula.

Il vivait sur scène, le visage couvert de transpiration, exalté, s'en remettait à l'improvisation, sa bulle d'oxygène dans un récit dont il se sentait parfois prisonnier. Il n'avait pas toujours envie de monter sur les planches, à cause d'une certaine langueur, ou le trac, petit tabou que peu d'artistes osent avouer. En y mettant le pied, l'envie revenait comme par magie. Les premiers rires chassaient le fond de tristesse, la mauvaise humeur, la fatigue… Une violente ivresse le saisissait, si bien qu'il devrait affronter l'après, la descente, le retour à l'hôtel seul, à regarder la chaîne Chasse et Pêche, encore enveloppé des clameurs des cinq mille spectateurs. S'il rejouait le lendemain, il travaillait, corrigeait le tir, rectifiait ici ou là certains effets, conscient qu'une vanne mal dite, à un moment inopportun, même drôle, perdait de sa valeur. Souvent, au début des spectacles, des enfants malades, handicapés lui étaient présentés. Et il entrait dans un rôle de Bon Samaritain ! La municipalité de la ville où il se produisait leur avait acheté des places, et promis qu'ils rencontreraient l'artiste. Gad tenait à garder sa vision de la vie, à les traiter avec humour, imitait le parler bêta de certains animateurs compassionnels. Et les gosses riaient… L'auteur de *Papa est en haut* restait lui-même, accroché à son humour provocant, mais jamais méchant.

La comédie ressemble à une peinture. Chaque partie doit ressortir sans heurter les sens. Il retirait une couleur criarde, un effet trop appuyé, guidé comme un aveugle par la respiration et l'humeur du public. Toujours armé de son petit carnet, il priait les spectateurs de l'aider à améliorer ses sketches, de lui donner des idées, à la manière d'un prestidigitateur avec une carte à jouer. « Voilà ! Un homme marche dans la rue. Que peut-il lui arriver ? » Souvent, les réponses, relevant de l'inusable ressort comique, ne le comblaient pas vraiment : « Il tombe ! » Combien de fois avait-il entendu cette phrase ! Et la deuxième proposition suivait : « Il rencontre Jamel ! » Et Gad imitait le comique de Trappes. Il n'hésitait pas à imaginer un rapport très privilégié avec ses fans : « *Il y a quelqu'un qui m'a dit "Tu fais quoi, après ?" J'ai fini par aller boire des coups avec cette personne. Elle a dormi chez moi et on a eu un enfant !* »

À la fin du spectacle, au bout d'une heure quarante, il quittait la scène, et ne revenait pas, détestant les rappels, incapable de jouer cette fausse comédie. Un jour, la bronca fut si forte qu'il consentit à réapparaître. À sa sortie de scène, Gad Elmaleh s'enfermait dans sa loge, écoutait Claude Nougaro, et *Les Nocturnes* de Chopin, jusqu'à être totalement détendu.

Trois ans après la création de son sketch, Gad Elmaleh se verra dépossédé de son idée. La chanson *Fais dodo Colas mon p'tit frère* inspirera les comiques de Canal + qui tourneront en dérision le génocide du Rwanda. « *Maman est en haut coupée en morceaux. Papa est en bas, il lui manque un bras.* » La polémique éclatera, et une pétition sur Internet recueillera près de 2 000 signatures. Jamais dans notre société contemporaine frileuse et nerveuse, l'assertion de Pierre Desproges « *On peut rire de tout mais pas avec n'importe qui !* » n'avait été aussi juste. L'écrivaine rwandaise Scholastique Mukasonga, prix Renaudot 2002, dénonce à propos de la parodie de Canal, dans une tribune du quotidien *Libération*,

« *l'innocence tranquille du racisme ordinaire*[1] ». Gad échappa à la malédiction de la comptine. « *Je pourrais jouer ce spectacle toute ma vie* », disait-il malgré la fatigue et la tension, juste heureux d'être sur scène.

1. « Canal plus, à mourir de rire », 28 décembre 2013.

20

« TROP D'IMPÔTS TUE COCO ! »

Sur la route, il ne perdait pas de vue le cinéma, continuait de lire des scénarios, pensait de plus en plus à son propre film. Il avait confiance. Pendant ces années, il avait observé les meilleurs réalisateurs, analysé leur manière de diriger, de soigner un plan. La réussite de *Chouchou* lui avait donné l'idée de porter à l'écran son autre grand personnage « Coco », le délirant parvenu bling-bling.

Il était temps de s'y mettre. Mais il souhaitait écrire le scénario à quatre mains. La perspective de travailler à deux le tentait. Il n'en pouvait plus d'être seul à son bureau, confronté aux affres de la page blanche, du rire solitaire. Il avait d'ailleurs déjà demandé à la comique Valérie Lemercier si elle avait envie de composer une comédie musicale avec lui. Elle avait refusé faute de temps. L'idée d'engager un partenaire le titillait. Pour un premier film, cela ne serait pas du luxe !

Il se souvint de cette jeune femme qui l'avait accosté lors de la réception de la SACD. Il retrouva sa carte et l'appela, comme promis. Caroline Thivel s'est souvent interrogée sur le choix de Gad. Pourquoi elle ? *« S'il n'a pas pris une scénariste bankable, c'était pour garder la main, et il a vu que j'étais une gentille. Il m'a dit : "Tu n'as pas l'air d'être ce que tu es !" J'ai un petit côté maîtresse d'école dans le boulot*[1] », raconte-t-elle aujourd'hui.

1. Interview avec l'auteur.

Gad comptait bien mettre à profit les moments de repos que lui laissait sa tournée de *Papa est en haut*. Leurs séances de travail de quatre heures environ avaient lieu au bar du Lutetia, à Paris. Ils se rencontraient trois fois par semaine, commençaient vers neuf, dix heures, puis déjeunaient ensemble. « *Notre collaboration a duré un an. Gad me parlait, me parlait, et moi, je notais les dialogues, des bouts de personnages. Nous avons construit la trame de façon méthodique. Jamais personne ne m'a autant facilité la tâche. Il est super-respectueux, à l'écoute. Il ne balance jamais de paroles négatives. Je ne cessais de me demander si j'étais assez drôle pour travailler avec Gad. Je ne suis pas une personne sinistre, mais bon, j'ai souvent écrit des choses très noires.* » Il n'élevait pas le ton, parfois un voile obscurcissait ses yeux. Il paraissait moins enjoué et enclin à l'humour. « *Il a eu des doutes à un moment. Il a envisagé de prendre des "snipers" pour les gags. Finalement, il ne l'a pas fait. Il m'appelait la comtesse de Ségur parce que je ne me contentais pas de prendre des notes. J'aime que ce soit bien écrit. On a fait une pause. Je sais qu'il a envisagé de prendre quelqu'un d'autre. Finalement, je suis restée. J'avais un contrat pas à pas.* » Il soumit le travail à un proche, Laurent Zeitoun. « *Nous avons eu des séances à trois. Je n'aimais pas trop la façon qu'avait Laurent Zeitoun de revenir un peu sur ce que nous avions fait. J'ai dit à Gad : si tu n'as plus envie de travailler avec moi, dis-le ! Nous avons traversé des périodes de creux et de doute. Gad pouvait se montrer âpre de temps en temps. Il ne voulait pas trouver de producteur avant qu'on ait terminé.* » Il convainquit Alain Goldman. Il l'avait rencontré sur *XXL* d'Ariel Zeitoun. D'une famille juive ashkénaze, célèbre pour avoir financé le *Christophe Colomb* de Ridley Scott, ce trésorier préparait alors un film avec la réalisatrice Rose Bosch, *La Rafle*, sur la déportation des Juifs. Gad, en visite chez Alain, assista à leurs préparatifs, à leurs discussions et recherches, si bien qu'il eût envie de lire le scénario, juste par curiosité, et se prit à rêver, des larmes au coin des yeux. Alain ne lui proposa pas de rôle. Pourquoi Goldman et Rose accorderaient-ils à un comique une telle faveur ? Comment Coco s'adapterait-il à la Shoah ? Ce devait être étrange pour lui de les entendre raconter le génocide alors qu'il avait en tête sa créature extravagante. Sans doute se retrouvait-il dans le même état d'esprit que le 11 septembre 2001, à s'interroger sur son œuvre de comédie.

Il y songerait peut-être plus tard, obligé de réussir sa première réalisation, toujours déchiré par les incertitudes et la peur. « *Quelques jours avant le tournage*, se rappelle Caroline, *il paniqua. Par exemple, il fallait couper dix minutes. Il y avait de gros moyens, et ça l'impressionnait. J'étais plutôt censée ordonner les choses.* » En engageant Caroline, Il espérait ranimer un peu l'ambiance familiale du premier film qu'elle avait écrit. « *Il est fidèle et superstitieux, et* Salut cousin ! *était un bon souvenir pour lui.* » Il apprécia les idées de Caroline pour donner une cohérence à l'histoire. « *J'ai proposé à Gad de faire mourir le père de Coco la veille de la bar-mitsva. Ça lui a plu. On s'entendait bien. J'ai l'air juif. Je comprends cette culture. Il me racontait beaucoup de choses.* »

Elle se délecta de leurs relations. « *Gad marchait beaucoup. Il en avait besoin. Parfois, je l'accompagnais, du côté du boulevard Saint-Germain après nos séances de travail. Il était arrêté sans cesse pour se faire prendre en photo, mais bon, il acceptait. Puis, je rentrais travailler.* » Gad invitait chez lui Olivier Nakache et Éric Toledano, les futurs cinéastes bénis d'*Intouchables*, avec lesquels il avait tourné quatre ans plus tôt *Les Petits souliers*.

Il venait de se séparer d'Aurélie. L'ego, le caractère bien trempé de la danseuse et l'absence de profonde détermination de Gad pour l'amour avaient mis un terme à l'idylle. Il passa quelque temps avec une autre Aurélie, Mimran, la fille d'un riche homme d'affaires, jeu de cache-cache, de « je t'aime moi non plus », puis une comédienne d'origine juive égyptienne Nora Arnezeder,

« l'Angélique marquise des anges[1] », eut ses faveurs pendant près d'un an. La jeune actrice au « cœur d'artichaut » selon elle-même avoua être dévastée par cette rupture. Gad, toujours aussi difficile à accrocher, collectionnait les cœurs brisés.

Sa vie se transformait, à la faveur de sa nouvelle dimension people et artistique. Il emménagea au 104 boulevard Malesherbes, dans le 17e arrondissement, « *sans la folie des grandeurs,* ajoute Caroline Thivel qui lui rendit visite. *Tout était dans les bruns, avec une salle de bain chic. Un piano à queue trônait au milieu du salon. On travaillait chez lui. Je me souviens du poster de Charlie Chaplin sur le mur. Je lui disais : tu connais les comédies de Black Edwards ? J'adorais les seconds plans de ce cinéaste. Je lui conseillais Frank Capra, les frères Farrelly, les trucs disjonctés. Il se les procurait. Nous allions à la maison du chocolat acheter des goûters à son fils. Il s'occupait beaucoup de Noé. Il m'appelait "Caroline de Monaco". Amusant, non ? Il élevait son fils seul, et oubliait parfois de le coucher. À minuit, Noé était toujours là.* » Caroline aime villégiaturer à Deauville, et un jour, elle retrouva Gad dans le Grand Hôtel Royal pour écrire. « *J'adore voir la mer. Pendant que nous travaillions, nous faisions des pauses d'une semaine. Il retournait au Maroc où il avait des amis.* »

L'écriture du scénario se prolongeait donc, sans fin, entre une existence à la Fitzgerald et des périodes de ressourcement. Caroline n'a jamais pensé que Gad se dispersait car son esprit pouvait se partager, sauter sur plusieurs projets à la fois, sans qu'aucun n'en fût altéré. Elle-même travaillait en parallèle. Elle co-écrivait avec Judith, la sœur de Gad, une pièce de théâtre, *Le Ticket* : deux couples dînent ensemble, et l'un des convives reçoit en cadeau un ticket de loto. « *Gad possède les droits. J'ai reçu une avance. Son père David est dur en affaires. Nous avons procédé à des lectures avec des comédiens, dont le frère Arié. Judith a le même*

1. En 2013, elle joue la célèbre héroïne dans le film éponyme d'Ariel Zeitoun.

humour que son frère. Elle est discrète, fine. Très habituée à être dans les coulisses. » Gad glissa l'œuvre dans un tiroir, promettant un jour de la ressortir. Elle intégrait le clan avec beaucoup d'espoir.

Comme toujours, les collaborateurs de Gad recevaient des cadeaux. « *Il m'avait invité à venir le voir à Marseille, en compagnie de quelques amis. C'est lui qui payait le voyage, l'hébergement, au Sofitel. J'étais repartie le lendemain matin.* »

Le Ticket attendrait. Le labeur sur *Coco* reprenait. Il appelait Caroline à dix heures du soir afin de lui soumettre une idée. « *Le travail débordait. Ses coups de fil impromptus énervaient parfois mon mari. Gad l'appelait "Jean-Jacques". Pour lui, un Jean-Jacques, c'était un type avec des charentaises. J'y vois là une légère jalousie. Je n'y prêtais aucune attention car je prenais vraiment beaucoup de plaisir à travailler avec Gad, et je m'adaptais. Il me posait des questions incongrues. Il ne m'a pas draguée, mais à un moment, il m'a quand même proposé d'aller à New York, et j'ai refusé car je venais d'avoir une fille, et je ne pouvais pas me libérer. Il m'a regardée, fasciné de voir quelqu'un qui ne voulait pas partir pour New York. Notre collaboration m'a donné confiance, moi qui aurais dû suivre de longues séances de psychanalyse.* »

Le film aura coûté beaucoup d'argent, et Gad encaissé quelques solides émoluments, presque deux millions d'euros (400 000 pour l'écriture du scénario, et 1,5 million pour sa prestation). Le film bling-bling devenait une poule aux œufs d'or pour l'acteur. Cet apport financier s'accompagna de soucis, de tourments. Il demanda du temps pour apprivoiser la technique, le savoir-faire, et obtenir les moyens indispensables, bien décidé à afficher l'argent à l'écran (puisque tel était le thème de l'œuvre). Plusieurs scènes furent tournées à bord d'un yacht. « *Si elles avaient été prises dans une barque… Ce ne serait pas la même chose !* » plaisantait-il.

Coco raconte les mésaventures d'un Juif sépharade, originaire du Maroc, mégalo et businessman ingénieux. Il perçoit par exemple un manque entre l'eau plate et l'eau pétillante, invente un nouveau concept, « l'eau frétillante », et fait fortune. Gad dénonce les extravagances d'un nouveau riche, en prenant soin de ne pas tomber dans le manichéisme. Coco se définit aussi par son attachement aux valeurs familiales. Gad entendait déjà certaines critiques fustiger la caricature grossière, ou s'amuser de la gémellité de son œuvre avec le diptyque populaire de Thomas Gilou, *La Vérité si je mens I et II*, comme s'il essayait d'emprunter une recette populaire (près de douze millions de spectateurs). D'ailleurs, dans les deux œuvres, Gladys Cohen joue les mères juives. Il assumait le cousinage dans l'humour. Par l'accent et le lyrisme, Coco rappelle Patrick Abitbol, marquant ainsi une filiation, à tel point qu'un producteur envisagera d'introduire Coco et son créateur dans le troisième volet du film de Gilou. Gad se défendra malgré tout d'avoir livré une copie. Son héros existait vraiment. De même que Chouchou lui avait été soufflé par la vision d'un travesti à Pigalle, Coco s'était construit à partir d'un personnage grotesque et délirant que Gad avait rencontré et observé quelques années auparavant. Le vrai Coco, par exemple, entrait dans un restaurant et, seulement pour être vu, invitait tous les clients.

Gad Elmaleh ne laissa rien au hasard. « *Je suis allée à une bar-mitsva*, raconte Caroline. *Nous avons consulté un cardiologue à l'hôpital américain, car Coco avait des soucis de santé.* » La tâche paraissait immense, à cause des doutes du comique, et de son travail incessant pour améliorer le scénario. Caroline devait être tout le temps disponible. Elle se rendit même à l'Olympia pour affiner quelques scènes dans la loge de l'artiste avant qu'il entre en scène. Elle hésita à le suivre sur le plateau. « *Quand je suis venue sur le tournage, dans un château, en dehors de Paris, il a été sympa. Il m'a présentée à tout le monde. Je ne prise pas trop ce genre de visites. J'ai l'impression d'être un inspecteur du travail. Je ne mourais pas de confiance en moi, mais après* Coco, *j'ai empoigné les projets de façon plus musclée. Il était content, et m'a donné confiance*[1]. »

Le comique apprécia donc sa collaboration avec la scénariste de *Salut cousin !* qu'il avait choisie par superstition. Il fera son éloge. « *J'aime bien les histoires qui font des boucles. J'y trouve un sens, une forme d'harmonie. On a écrit pendant un an et demi et c'était super. Sans entrer dans le cliché "parce que c'est une femme", même s'il y a forcément de ça, elle m'a beaucoup aidé pour les personnages féminins sur lesquels ma vision était sans doute plus schématique. Cela a permis notamment par ricochet de renforcer l'humanité de Coco. Elle m'a aussi évité certaines complaisances. Sur scène, on peut se permettre des choses qui ne sont que comiques, des effets immédiats, ponctuels, voire gratuits. Au cinéma, s'ils n'ont pas leur place dans un développement, dans une progression, dans une structure, ça ne marche pas. Elle m'a beaucoup aidé là-dessus. Et aussi… pour taper le texte à l'ordinateur !*[2] » conclut-il en riant.

Il parcourut la France afin de montrer le film, persuadé que l'accueil serait chaleureux, enthousiaste. Il entendit les rires s'élever des salles. Son trac diminuait, la confiance augmentait. Caroline aperçut même le vrai Coco, un homme assez grand – Gad le lui montra – lors d'une avant-première.

Mais, quand le film sortit, le 18 mars 2009, ce fut une douche bien froide… glacée… *Télérama* qualifia *Coco* de « *comédie toc* » : « *Autour du dévorant personnage de Gad Elmaleh, le film se résume à un décor fantomatique. Presque pas d'histoire, une équipe d'acteurs certes attachants, mais réduits à des silhouettes de sitcom. Les gags, même portés par Gad Elmaleh, pâtissent de ce déséquilibre : manque de répondant, de timing, ou comique forcé, comme ce gimmick assené*

1. Interview avec l'auteur.
2. Dossier de presse.

à tout bout de champ où il est question "d'éclater" (traduisez: épater, faire plaisir) autrui. Premier film du comédien en tant que réalisateur, Coco *reste un one-man-show, prolongeant malgré lui la solitude de l'artiste sur scène*[1]. »

Le quotidien *Libération* l'avait au début défendu. Mais ce Coco-là, « *casse un peu les noix* ». Le film « *s'essouffle à l'esbroufe, à trouver des bourdes poilantes à gratter* » et « *tourne court, faute de fil, situations, rôles*[2]. »

Gad vécut mal ces critiques… Il s'en épanchera dans le magazine *Psychologies* : « *Étant en permanence dans l'auto-analyse, je suis toujours ouvert à la critique. Et certaines étaient tout à fait justifiées, je ne suis pas dupe. Et puis, c'est normal aussi que je sois critiqué. Ce n'est pas toujours juste, mais c'est logique. Je ne peux pas tout avoir. C'est comme ça… J'étais terriblement angoissé ! Surtout qu'ils y ont été fort. Mais je comprends: quand tu es très populaire, on ne juge pas ton film comme un premier film, mais comme "le film du gars très populaire". Des gens me l'ont dit : "De ta part, on s'attendait à un truc top !" Donc, vous voyez, paradoxalement, c'est flatteur. Cela me donne d'autant plus de courage pour en faire un deuxième et travailler encore plus*[3]. »

Gad n'ignorait pas le défi qui lui était proposé. *Coco* sortit la même année que le champion de la comédie: *Bienvenue chez les Ch'tis*, réalisé et écrit par un autre roi de la scène, Dany Boon, racontait la déprime d'un directeur de la poste muté dans le Nord. Il atteindrait bientôt le score de 20,483 millions d'entrées, mieux que l'indéboulonnable et légendaire *Grande Vadrouille*, et talonnant *Le Titanic*. Gad ne put rivaliser, mais souhaitait au moins éviter le ridicule auquel la presse semblait le condamner.

1. Par Cécile Mury, *Télérama*, 18 mars 2009.
2. Par Bayon, 1er avril 2009.
3. « Gad Elmaleh : "Je ne cherche plus à être un bon élève" », Anne-Laure Gannac, *Psychologies*, 1er mars 2010.

De son côté, Caroline Thivel fut déçue, après tant d'heures passées à écrire. Elle s'efforce aujourd'hui de trouver une explication. « *Le problème, c'est qu'il a beaucoup improvisé au tournage. Sa logique de travail reste l'improvisation. Il n'a pas pu s'empêcher. Il improvise à la fin d'une séquence, et au montage, ce n'est pas simple.* » En deux mots, le film souffre d'un défaut de structure.

Comme si cela ne suffisait pas, il s'appliqua à torpiller lui-même son œuvre, prisonnier de sa créature bling-bling. Il avait créé un personnage de son temps. Élu en mai 2007, Sarkozy avait pris son envol sous les ors du Fouquet's et du yacht du millionnaire Vincent Bolloré. La presse se repaissait alors de la formule « président bling-bling », expression empruntée au rap évoquant le bruit des chaînes autour du cou. Gad avait commencé à gagner de l'argent, peut-être au mauvais moment, et sa dénonciation du travers de l'époque se retourna contre lui. Il ne put éviter les questions gênantes, sur le grand tabou de la société française, l'argent, et dut répondre aux interrogations de l'animateur d'Europe1, Marc-Olivier Fogel : « *Faut-il supprimer le bouclier fiscal*[1] *?* » Gad Elmaleh n'ignorait pas que la mesure de Sarkozy provoquait la controverse, que la gauche ne lâchait pas la droite, l'accusant de plafonner les impôts des hauts revenus. François Hollande avait lancé son désormais célèbre : « *Je n'aime pas les riches* ». Le pouvoir craignait que les investisseurs fuient le pays. Gad flaira le piège, tenta de se sauver par une pirouette d'humour : « *Sur les films d'époque, oui…* » Mais Fogiel le recadra : « *Non, sérieusement…* » Aucune échappatoire, du genre de celle que le bouffon emprunte en se glissant sous le fauteuil du roi, afin d'esquiver toute responsabilité. L'humoriste se déclara en faveur du bouclier fiscal. « *50 %, cela suffit !* » osa-t-il, suscitant l'incompréhension, les moqueries et une avalanche d'attaques. « *Je suis très*

1. 17 mars 2009.

déçue de la réaction de Gad Elmaleh ! écrivit une internaute. *En même temps, il fallait s'en douter ! Il est pote avec Arthur notamment, il vend ses places de spectacle à 55 euros... Je ne regrette donc pas du tout de ne pas les avoir payés ces 55 euros ! Par ses propos, il vient de perdre une admiratrice ! Tant pis pour moi, je me suis laissée avoir*[1] *!* » Il essuya l'ironie mordante et facile d'un autre humoriste, sur les ondes de France Inter, Stéphane Guillon : « *Sur un one-man-show de deux heures, Gad commencerait à gagner sa vie au bout d'une heure et demie. C'est rageant. Un jour, il arrivera sur scène avec un bouquin, le lira et, au bout d'une heure et demie, il démarrera. Il paraît que le dernier film de Gad,* Coco, *est raté. Il n'y a que le dernier quart d'heure qui est formidable. Normal. Là, il sait qu'il bosse pour lui. Donc, il est motivé*[2]. »

Tout ce que l'enfant du Maroc avait accompli, sa décision audacieuse d'embarquer pour le Canada, sans relations ni argent, et le travail harassant qu'il avait fourni semblaient se dissoudre dans une réussite provocante et mal comprise. Il se trouvait à son tour piégé par un dialogue de sourd né de la crise. « Pas trop d'impôts, Coco ! », titra *Gala*[3]. « *Trop d'impôts risquent de tuer Coco !* »

La polémique ne tua cependant pas l'œuvre qui dépassa les deux millions de spectateurs. « *Ce film ne m'encombre pas,* assure Caroline Thivel. *J'ai écrit des romans noirs. Je suis polyvalente, je fais du cinéma, de la télé, de la littérature.* Coco *n'a pas marché terriblement, mais on m'avait dit : avec cette référence-là, ton téléphone va crépiter. Mais bon, cela n'a pas été aussi simple. Juste avant la sortie, Gad m'avait dit : il faudra que tu sois forte ! Il s'attendait à des critiques.* »

Sa première productrice Karen Taieb ne partage pas le manque d'enthousiasme général : « *J'ai bien aimé* Coco, *bizarre-*

1. *Le Post.fr*, 2009.
2. 18 mars 2009.
3. 17 mars 2009.

ment. C'est le film qui lui ressemble le plus. C'est là où je l'ai trouvé le plus à l'aise. Il n'a pas encore trouvé de cinéaste à sa mesure ni le scénario qu'il faut[1]. »

Les humoristes continuèrent de l'égratigner. Il fut « honoré » lors de la cérémonie des Gérard, cette parodie des Oscars, souvent amusante pour ses définitions. L'auteur de *Coco* y obtint le « *Gérard de la feignasse tellement décontractée du gland qu'elle recycle un de ses vieux sketches en film d'une heure et demie* ».

Caroline n'a plus revu Gad, à son grand regret, comme s'il avait voulu dissiper au plus vite sa déception. « *Nous n'avons pas fait le débriefing. Tout s'est arrêté là, sur ce point d'interrogation.* » Gad repartit tracer ses chemins étincelants, espérant oublier ses débuts difficiles à la réalisation, un métier qu'il ne connaissait pas encore.

1. Interview avec l'auteur.

21

RENDEZ-VOUS AVEC L'HISTOIRE

Il retrouvait le succès de la scène et sa confiance perdue. Le DVD de *Papa est en haut* s'écoulait à vive allure (il se vendrait à plus d'un million d'exemplaires). Sa sœur lui donnait des conseils, critiquait implacablement les mauvais passages. Il occupait brillamment les plus belles scènes, l'Olympia, le Palais des sports. « *Vous m'avez manqué. Ça fait des mois que j'attendais ça.* » Il n'hésitait pas à fustiger le monde moderne, au risque de paraître un peu vieux jeu. « *Bluetooth, ma mère, elle croit que c'est un sirop contre la toux.* » Le public, de tous âges, de tous milieux, riait. La critique, elle, dressait un bilan mitigé de ses dix années de carrière. « *Grâce à cette popularité insolente, la scène reste son terrain de prédilection. Au cinéma, Gad Elmaleh tâtonne encore.* Chouchou *a plu, mais la majorité de ses rôles ne justifient pas les espoirs placés en lui – y compris quand il s'en remet à un des rares solides artisans hexagonaux de la comédie comme Pierre Salvadori (*Hors de prix*, où il était très moyen)* », avait écrit sévèrement *Libération*[1], avant la sortie de *Coco*. Le journaliste évoquait de manière péjorative une « *habile gestion de carrière* ». Il reprochait à Gad de s'adresser à la France du milieu, celle qui ne va pas au restaurant, mais s'en fait une idée caricaturale, à l'image de cette vanne : « *On nous a apporté l'addition. J'ai dit : "Putain, j'aurais dû demander un devis".* »

1. « Malin Elmaleh », Gilles Renault, 8 janvier 2008.

Drôle, certes, mais cela ne suffisait plus à une certaine presse. Le vilain mot de populisme, même s'il n'était pas prononcé, commençait à circuler. Des voix regrettaient le manque d'engagement de cet « anti-Bedos ». Gad Elmaleh, exposé aux agressions des militants juifs, devait se justifier. « *Vous n'avez pas d'engagement, vous ? Je ne les connais pas en tout cas* », le coinça le magazine *Psychologies*. « *Moi non plus*, répondit-il, s'accrochant à l'humour. *J'attends une lettre d'engagement que je dois d'ailleurs recevoir d'un moment à l'autre ! En réalité je suis préoccupé par plusieurs causes que je défends et auxquelles j'apporte mon aide. Mais je n'en parle pas. Encore un truc que m'ont appris mes parents : il ne faut pas parler du bien que l'on fait. Sauf si cela peut aider*[1]. » Il n'en dira pas davantage, faisant référence à un autre type d'engagement, sans rapport avec le message que la presse attendait de lui.

Il n'échapperait cependant pas à des aventures plus politiques. Il les a sans doute cherchées, invoquées. Son producteur de *Coco*, Alain Goldman, et Rose Bosch comptaient finalement lui proposer un rôle dans le scénario qu'il avait lu et aimé, *La Rafle*. Goldman avait senti son envie et son trouble, au point d'être convaincu : Gad pouvait dominer un sujet aussi tragique. Raconter le drame du Vel' d'Hiv éteindrait les critiques sur son prétendu manque d'engagement, le libèrerait de la pression à laquelle le soumettaient ses origines. Pourtant, un doute prévisible le paralysa. « *Me crois-tu capable d'endosser un caractère aussi dramatique ?* » demanda-t-il à Rose. Elle le rassura. « *Je connais ta vie, j'ai vu tes spectacles, tu as beaucoup d'émotion en toi. Tu seras à ta place...* »

Le tournage commencerait dans quelques mois. *Être à sa place !* Il avait trouvé sur scène son refuge, son mur protecteur contre le scepticisme, au moment de frapper à la porte des grands sujets et des réalisateurs illustres. Il savait que son nom titillait certains

1. « Gad Elmaleh : "Je ne cherche plus à être un bon élève" », *Op. cit.*

hauts milieux du cinéma, qu'un cinéaste important, Costa-Gavras, pensait à lui.

Et son agent prospectait aux États-Unis. Sur son conseil, Gad adressa une vidéo, enregistrée chez lui, à Steven Spielberg. L'auteur de *Duel*, *Les Dents de la mer*, *Rencontre du Troisième type* et bien d'autres films illustres, mettait en chantier un film adapté des *Tintin*. Le cinéaste hésita, craignant que Gad refusât car il ne pouvait lui proposer qu'un petit rôle. Mais le comédien français, ébahi, surpris, accepta, réjoui de côtoyer de près ce « monument » du septième art. Une carrière en Amérique ? Il y songeait de plus en plus. Il se rappelait la tirade « Goddam » dans le *Mariage de Figaro*, cet hommage à la langue anglaise qu'il avait interprété au cours Florent avec son ami Sébastien Ripari. Maintenant, il plongeait dans le grand bain. Jamais il ne se serait douté que ses deux années dans la vénérable institution parisienne l'amèneraient à fréquenter Spielberg.

Il craignait que le projet ne se fît pas. Un autre acteur le remplacerait-il ? C'était étrange. Il se sentait plutôt grand en France, et tellement minuscule aux États-Unis. Il avait envie de relever un tel défi, le plus important de son parcours.

Il ignorait ce que serait cette adaptation du fameux héros d'Hergé, dont il n'avait d'ailleurs jamais lu les aventures, bien moins érudit sur l'œuvre que l'Américain Spielberg. Les scénaristes avaient mêlé trois albums, *Rackam le rouge*, *Le Secret de la licorne*, et *Le Crabe aux pinces d'or*, mais aucun de ces ouvrages ne lui disait quelque chose. Spielberg en avait acheté les droits en 1982, et s'était assuré l'accord du créateur juste un an avant sa disparition. Il avait déjà réalisé son film « tintinesque », *Les Aventuriers de l'arche perdue*, et n'avait aucune envie de grimer de vrais acteurs en Dupondt ou Capitaine Haddock, craignant le ridicule (il dira d'ailleurs que Gad ressemble vraiment à un personnage de Hergé). Cette exigence l'avait poussé à réfléchir au meilleur moyen d'adapter la mythique bande dessinée, sans la trahir. L'animation, la « motion capture » (capture de mouvement), lui semblait le meilleur média pour servir au plus près l'esprit de l'œuvre originale. Il s'agit d'enregistrer les mouvements, attitudes et expressions du visage, d'un être vivant et de les prêter par ordinateur interposé à un personnage animé. Le « James Bond » Daniel Craig interprétait le pirate Rackam le rouge et Gad, Omar Ben Salaad, un odieux trafiquant d'opium, « *pas si pourri que ça, un faux méchant, manipulé, comme dans les pièces de Molière* », ajouterait le comique, toujours dans une volonté de ne pas offrir une image de lui trop négative.

Il ignorait bien sûr ce qui l'attendait, et n'y croyait toujours pas, plongé dans ses pensées, son « rêve d'enfant », de l'autre côté de l'Atlantique. Il ne fut pas davantage convaincu en prenant possession de sa chambre d'hôtel. Le lendemain, à six heures du matin, une voiture devait l'emmener au studio. Viendrait-elle ? Rencontrerait-il Spielberg ? Le puissant Nouveau Monde l'avait réduit à l'état de petit acteur plein d'espoirs et de craintes, et de méfiance aussi.

Le véhicule arriva juste à l'heure et le conduisit à l'énorme plateau « The Volume » qui avait déjà servi pour *Avatar*, l'épopée en 3D de James Cameron. Des câbles couraient partout. Capteurs et batteries jonchaient un studio assez petit. Il faillit piétiner un fil et en fut empêché in extremis. Il enfila une combinaison de cosmonaute, un casque avec écouteurs. Il se sentait ridicule. Était-ce un bizutage réservé au petit frenchie ? Un homme allait s'approcher et lui révéler qu'il avait été victime d'un canular, et que ces décors, ces câbles étaient en carton-pâte. Puis, il aperçut au loin Daniel Craig, harnaché comme lui, et respira enfin.

Il avait appelé sa mère, comme toujours, ravi, excité à l'idée de tourner avec Spielberg. Il sentit à sa réaction sa fierté et son admiration. Mais le croirait-elle puisqu'elle ne verrait pas son visage ?

Il ne pouvait quitter le plateau pendant des heures, sous peine de dérégler les machines et les capteurs si compliqués à installer. Il perdait pied, obligé de suivre les explications des techniciens, d'observer leurs gestes derrière la vitre. La foule et l'agitation autour de lui le fatiguaient. Il devait se mouvoir devant une caméra qui filmait son visage. Il jouait dans ce décor blanc, l'imagination fit le reste. Ce cirque dura dix jours. Il improvisa des gestes, se fiant à son talent de mime, à son sens de la scène. Steven Spielberg se tenait à quelques mètres de lui, l'encourageait, ou l'arrêtait, satisfait. Il connaissait le talent du comique français, sa technique de l'art dramatique apprise au cours Florent alliée à un sens du déplacement unique né du music-hall.

Spielberg se féliciterait de son inspiration, au micro de Claire Chazal, sur TF 1 : « *Je savais que Gad n'aurait pas peur de prendre des risques, qu'il irait au-delà du personnage*[1]. »

Il récitait un texte changeant, toujours en chantier, le reprenait jusqu'à l'épuisement, et répandait l'humour dans l'équipe américaine. Il n'y resta pas très longtemps, en ce début d'année 2009, triste de devoir rentrer, même pour d'autres aventures. Il avait joué *Tintin en Amérique*, avec un grand plaisir. Il parlait l'anglais. Rien ne s'opposait donc à ce qu'il fît carrière là-bas.

Le printemps en France lui sembla splendide. Et c'est fort d'une expérience héroïque et singulière qu'il rejoignit la basilique du Sacré-Cœur, afin de tourner *La Rafle*, en mai, deux mois après la sortie houleuse de *Coco*. Le film bénéficiait d'un budget confortable, vingt millions d'euros. La tête encore chez Spielberg, imprégné de l'humour de *Papa est en haut*, il devait se plonger dans l'atmosphère blême et le drame de l'Occupation. Sa vie prenait les couleurs variées qu'il espérait. Son cœur ne cessait plus de marteler sa poitrine, avec toujours cette peur d'échouer, comme

1. 22 octobre 2011.

s'il surfait sur de hautes vagues, au bord de la chute. Mais il tenait en équilibre, debout, repoussait la fatigue des voyages et du stress.

La Rafle le cueillit à froid. Il avouera y avoir appris beaucoup de choses. « *Ce n'est pas parce qu'on est Juif qu'on sait tout sur la Shoah. J'avais forcément entendu parler du Vel' d'Hiv'. Je savais que c'était un épisode tragique pas seulement de l'histoire des Juifs mais aussi de l'histoire de France, mais je n'en connaissais pas tous les détails ni, forcément, tout le contexte. J'ai découvert qu'il y avait eu une Shoah séfarade : les Allemands sont allés jusque dans le désert de Lybie chercher des Juifs ! Dément ! J'ai eu un sentiment étrange : je me suis senti à la fois proche de cette identité juive et très fier d'être Marocain parce que le Maroc, pendant la Seconde Guerre mondiale, a protégé les Juifs. S'il ne l'avait pas fait, mes parents ne seraient plus là et moi non plus*[1]. »

Il interprétait un père de famille, tailleur polonais, déporté lors de la fameuse rafle du Vel' d'Hiv le 16 juillet 1942, conscient du pire écueil à éviter : surjouer l'émotion. Enfiler le vêtement du déporté, pourtant, le bouleversa. Il créait un personnage naïf, incrédule, optimiste, avec des phrases qui, dans la bouche de l'auteur de *Décalages*, sonnait étrangement, avec ce côté *La Vie est belle* de Benigni[2]: « *Je n'ai jamais vu autant de Juifs rassemblés, comment veux-tu qu'ils nous fassent du mal ? C'est trop de boulot !* » Ou cette vanne très bateau : « *Nous les Juifs, on est responsables de tout ! Même le Titanic, c'est nous ! Iceberg, c'était un Juif !* » La plaisanterie n'est même pas de lui. « *Comment pouvez-vous rire de ça ?* » lui répond l'un des héros du film.

Comme à son habitude, Gad n'économisa pas ses efforts. Il rencontra le rescapé, Joseph Weismann, déporté à onze ans, qui avait inspiré cette histoire, et en garda un souvenir puissant.

1. Interview dans le dossier de presse du film.
2. Dans ce film, Benigni joue un père qui s'efforce de dédramatiser la déportation devant son fils, en lui faisant croire qu'il s'agit d'un jeu.

Il s'en remit à Rose et à ses directives, à ses partenaires, Jean Reno, originaire comme lui de Casablanca, Mélanie Laurent l'infirmière, jusqu'à Hugo, son fils dans le film (le petit Joseph Weismann), dont il appréhendait les réactions. Il parvint à supporter le poids du film jusqu'à Budapest, en Hongrie où le camp fut reconstitué. Des scènes délicates l'attendaient, comme celle de la séparation avec les enfants. Il n'avait pas le droit de se tromper, de décevoir la grande équipe réunie autour de lui. L'humour noir l'aida à se délivrer de la pression, à chasser l'angoisse de rater son rendez-vous avec l'histoire.

22

CHEZ WOODY ALLEN

Que dirait la presse au sujet de ce rôle à « contre-emploi » ? *Télérama* usa d'une ironie mordante, classant l'œuvre dans le genre « *horreur et eau de rose* ». « *Mais comme pour rassurer le spectateur, le film épargne la société autant qu'il accable les autorités. Le curé, l'instituteur, la concierge, tous sont solidaires, voire héroïques. Une France unanimement résistante comme le cinéma la rêvait jusqu'aux années 1960. Rose Bosch oscille entre images d'Épinal et réquisitoire. Les séquences tire-larmes, surjouées, se succèdent. Plus le danger se fait pressant, plus les parenthèses attendrissantes deviennent gênantes. Peut-on concilier les bons sentiments avec l'horreur pure*[1] *?* » *Le Monde* assassina l'œuvre : « *Beaucoup de choses y sonnent aussi désespérément faux. Tel accent yiddish est sans conteste un accent, mais pas yiddish. Hitler est certes reconnaissable, mais l'acteur grimé qui l'interprète est peu crédible. Tout le monde reconnaît l'humoriste Gad Elmaleh sous sa défroque de petit artisan juif trotskyste, et s'intéresse malheureusement davantage à sa composition qu'au personnage qu'il incarne. Ce ne sont que quelques exemples*[2]. » Gad Elmaleh comprenait que sa célébrité le desservait, et il n'y pouvait rien.

La critique préféra louer l'interprétation forte, « *tendue* », de Mélanie Laurent, dans un film indifférent qui, écrit Éric Libiot, se

1. Cécile Mury, 12 février 2011.
2. « L'éprouvant spectacle de la Rafle du Vel' d'Hiv », Jacques Mandelbaum, 9 mars 2010.

« *regarde d'un œil sec*[1] ». Même le rescapé Joseph Weismann soupira : « *Je trouve au film certains défauts. Quelle idée, par exemple, d'organiser dans le camp, cette "tea party" dansante entre le médecin et l'infirmière. Ça me bouffe ! Et puis mon père n'était pas un simple peintre de statuettes en plâtre, comme le personnage interprété par Gad Elmaleh. C'était le meilleur tailleur du monde, le Renoir de la couture*[2] *!* »

Gad entendait tout cela, satisfait malgré tout d'avoir joué son *Cercle rouge*[3] et son *Tchao Pantin*. Il avait prouvé qu'il pouvait s'adapter à un registre bien différent. Un jour, sa notoriété ne serait plus un handicap, difficile ambition lorsque la célèbre journaliste de France2 Marie Drucker vous tombe dans les bras, et que la presse people s'en gave jusqu'à la nausée. Comment éviter les regards, et les apparitions publiques ? Le couple se montra à l'avant-première de *La Rafle* aux Champs-Élysées. Ce fut d'ailleurs elle qui présenta, le 9 mars 2010, sur France2 la *Grande Soirée Vel' d'Hiv*. Ils paraissaient fortement épris l'un de l'autre. Gad ne s'en cacha pas, embrassant Marie en public, l'emmenant à un spectacle de Dany Boon. Il envisageait de l'épouser, bien que conscient de pénétrer dans un monde trop sérieux pour lui. Il rencontrait des femmes de la haute société, et en tirait une immense fierté, sans l'exhiber. Finalement, son idylle avec la nièce de Michel Drucker ne dura pas.

« *J'ai simplement cru préférable d'écourter une histoire devenue moins belle qu'elle ne l'avait été* », dira Marie au magazine *Gala*, se défendant d'être une célibataire résignée.

Il continuait de voguer sous les caméras, insatiable héros rieur des scènes de France, avide de lumière, paradoxe vivant entre

1. *L'Express*, 8 mars 2010.
2. « Joseph Weismann, une vie après le Vel' d'Hiv' », Géraldine Catalano, *L'Express*, 15 septembre 2011.
3. L'un des grands films de Bourvil, sérieux, réalisé par Jean-Pierre Melville en 1970.

exhibition permanente de sa réussite et volonté de ne pas trop se répandre pour conserver un peu de mystère. Il ne digérait pas l'échec critique de *Coco*, le mépris que le milieu témoignait à l'égard des comédies. Il n'avait obtenu aucune nomination pour la 35e édition des Césars [1], et en prit aussi ombrage. Il n'en laissa rien paraître pendant la cérémonie qu'il présenta pour la troisième fois, aux côtés de Valérie Lemercier. Mais son irritation déborda quand il défendit Dany Boon, choqué de voir que son *Bienvenue chez les Ch'tis*, l'un des plus grands succès du cinéma français, nominé une seule fois, repartait bredouille de la soirée. Y avait-il un avenir pour les comiques à l'écran ?

« *Franchement, j'ai envie de dire à Dany : "T'inquiète pas, c'est pas grave, le plus beau, tu l'as fait, c'est des millions de gens que tu as rendus heureux et ça, c'est plus beau que n'importe quel prix !" Et je pense que même son idée de créer un César de la comédie, ce serait un trop beau cadeau pour les Césars*[2]... »

Il plaidait aussi pour son œuvre, conscient des difficultés qu'il avait à tourner des drames, sans encourir des regards narquois.

Gad cherchait à se délivrer de son personnage comique auquel il tenait cependant (car le public l'aimait). Il avait donné environ trois cents représentations de *Papa est en haut* en près de trois ans, et voyait arriver la fin avec angoisse, comme une rupture.

Pendant le mois de mai 2010, il se produisit à Montréal, dans l'enceinte du Centre Bell, perdu entre la cafétéria de l'université et l'hôpital. Un tapis rouge éclatant menait à la salle et aux lettres d'or de son nom. Le Premier ministre du Canada Jean Charest avait été annoncé. 7 000 admirateurs se pressaient à l'entrée. Beaucoup portaient un T-shirt à son effigie. Ça bourdonnait de partout. Gad posait fièrement devant un panneau avec son nom

1. Le 27 février 2010.
2. « César : Dany Boon soutenu par Gad Elmaleh », *Voici*, 15 février 2009.

et son visage démultipliés. Il ne cessera pas, jusqu'à la célébration de ses vingt ans de carrière, de remémorer en public son apparition sur scène au cabaret Juste pour Rire. « *Bell, pour moi, quand je vivais ici, renvoyait à la facture de téléphone. Maintenant, c'est autre chose.* »

Le spectacle lui coûtait cher. Il avait installé des rampes de lumière, des écrans pour mieux montrer en gros plan ses mimiques, espérant éblouir la foule.

La nuit tomba, la musique de Michael Jackson envahit la salle, et Gad jaillit en courant, suivi par un humoriste québécois Martin Matte, qui à son tour entra en scène : « Merci de faire ma première partie ! » Gad rétorqua : « Tu ferais mieux de me remercier de donner un coup de main à ta carrière. » Et la soirée se poursuivit, l'audience conquise applaudit. Au Canada, il changeait le récit, adaptant ses plaisanteries. Il vannait des personnalités locales, comme l'acteur et animateur de télévision Marc Labrèche, ou le gardien de hockey sur glace, Halak. Il se moquait de l'accent québécois : « *Pourquoi vous ne prononcez pas la fin de certains mots ? Le mécanisss, le dentisss, le nationalisss. Vous faites quoi avec les lettres qui manquent ? Vous les recyclez ? Les t-e, on les met à ici et ça fait icitte ?* » Sa conversation virevoltait, partait, revenait, mêlant l'écrit et l'improvisation. Elle tournait en dérision les petites habitudes du quotidien, la vie de couple. Il s'amusait de l'homme qui se levait la nuit pour aller aux toilettes : « *Tu reviens ?* » demandait la femme. « *Évidemment ! Tu penses que je m'en vais danser toute la nuit ?* » Tel semblait être le secret du succès de Gad Elmaleh, une gentillesse frondeuse. Après tout, n'avait-il pas écrit ce spectacle pour son fils Noé ? La scène restait bien le seul endroit qui le comblait.

Pourtant, le cinéma continuait de l'obséder. Il restait déçu par une carrière notoire, très observée, mais peu appréciée. Il songeait aussi à écrire et réaliser un deuxième film, souhaitait effacer ses erreurs, corriger ce qui n'avait pas marché, achever sa copie. Il se sentait frustré, malgré des satisfactions et sa notoriété croissante grâce à ses vidéos tournant en boucle sur YouTube. Sa participation au film de Spielberg lui servait de vitrine. L'ambition internationale dessinait son nouvel horizon, et le mettrait hors de portée de ceux qui ricanaient en le découvrant dans des situations inhabituelles. Lorsqu'il avait eu vent du projet « parisien » de Woody Allen, et de son envie d'y intégrer des acteurs français, Gad avait souhaité faire partie du casting people. Il n'eut pas beaucoup d'efforts à accomplir car le grand réalisateur, en quête de comédiens de l'Hexagone, tomba vite sur son nom. L'auteur de *Manhattan* l'avait vu dans *La Doublure.* Le créateur de Coco ne jouerait pas un premier rôle, mais figurer sur la pellicule d'un prestigieux cinéaste américain, après celle de Spielberg, l'excita suffisamment. Il demanda le script de *Midnight in Paris* qu'il n'obtint jamais. Un scénariste américain, en vacances à Paris, admirateur de Hemingway, remonte le temps jusqu'aux années 1920, et rencontre tous les illustres expatriés dans la ville lumière, de Salvador Dali à Scott Fitzgerald. Il fuit une famille indifférente et une fiancée frivole. Gad jouait un détective (Tisserand) de l'agence Duluc, dont l'enseigne trône rue du Louvre.

Il préparait la dernière de son spectacle *Papa est en Haut* à Colmar, le 7 août 2010, mais il avait le temps et l'envie de tourner la scène. Le cœur battant, le 6, il arriva peu avant dix heures sur le lieu de tournage de *Midnight In Paris,* rue du Louvre qui n'avait pas été fermée. Des camions longeaient les trottoirs, d'énormes projecteurs jetaient une puissante lumière vers la façade de l'agence Duluc. Un étonnant panneau avec l'inscription « WASP » (Woody Allen Summer Project Film [1]) se balançait à l'entrée du plateau.

1. Clin d'œil humoristique les WASP (White Anglo-Saxon Protestant) sont les descendants des immigrés européens (Anglo-Saxons blancs et protestants) aux États-Unis et ici WASP signifie Projet cinématographique estival Woody Allen.

Vêtu d'un costume gris, Gad n'avait jamais joué à visage découvert dans un film américain. Il se raccrocha à son expérience, son instinct, essayant d'oublier *Manhattan, Hanna et ses sœurs*, ou *Match Point*, ces belles réussites de l'artiste. Du haut de ce petit bonhomme à lunettes, quarante magnifiques œuvres vous contemplent. Il pensa peut-être à la femme du président, Carla Bruni-Sarkozy, plus débutante que lui. Elle jouait une guide. Il demanda où se trouvait Woody Allen arrivé quelques minutes plus tôt à bord d'une splendide limousine blanche.

— Que dois-je faire ? demanda Gad.

— Tu vas dans cette voiture. Sais-tu ce que tu dois faire dans cette scène ?

— Non !

— Tu dois espionner ce type !

— Ok ! Que voulez-vous que je fasse donc ?

— Juste ce que les gens font quand ils espionnent !

— Mais je n'ai jamais espionné ! »

Woody Allen prenait juste quelques minutes pour expliquer aux acteurs leur fonction. Gad s'exécuta, content de rejoindre sur l'affiche un florilège d'acteurs français, les Françaises les plus en vue : Marion Cotillard et Léa Seydoux.

La séquence fut tournée si vite, comme dans un rêve. Ses interventions minimales et remarquées préparaient sa conquête de l'Amérique. Pourtant, c'était toujours vers la scène que sa passion le portait, là où il était le héros, l'unique, et non un simple comparse obligé d'obéir à des directives. Le « vrai » travail l'attendait.

Il repartit vite pour Colmar et sa Foire aux vins, où il présentait la dernière de *Papa est en haut*, le 7 août. En présence de son père David, face à 10 000 personnes, il disait adieu à un texte, à des rires, l'œuvre rentrerait bientôt dans le royaume des souvenirs, garnirait la pile des DVD sur les étagères, aux côtés de ses deux créations précédentes, *Décalages* et *L'autre, c'est moi.*

Quelque chose lui manquait artistiquement, et il se disait souvent que sa plus grande réussite demeurait cet heureux et imprévu « accident » : la paternité. La vraie cohérence de sa vie.

23

PRIS EN OTAGE

Il se désolait de ne pas voir Noé autant qu'il le souhaitait. Dès qu'il rentrait, il lui consacrait ses week-ends. Si par hasard, un admirateur l'abordait dans la rue, devant son fils, il le congédiait. Beaucoup de fans, trop familiers, profanaient son jardin privé. Gad pouvait l'accepter, mais rejetait toutes ces sollicitations quand il profitait de ses rares moments avec son garçon. Noé souffrait de la relation privilégiée et amoureuse que son père entretenait avec le public. Gad le rassurait. Une année, il l'emmena en tournée pour lui montrer la réalité de son curieux métier, et le désacraliser, en nourrissant son imaginaire.

Il était heureusement encore trop jeune pour saisir le poids grandissant de la notoriété de son père, et ces nouvelles obligations qu'il essayait fuir. La décision de se produire à Jérusalem et à Tel Aviv, les 6 et 7 février, déchaîna une bourrasque. Un élu de Saint-Denis, Madjid Messaoudene lui écrivit une lettre publiée sur le site du *Monde* : « *Quand on t'interroge sur Israël et la Palestine, tu l'ouvres moins. Je reconnais que ce n'est pas un sujet facile, surtout quand tant d'autres comme toi semblez le méconnaître profondément. Car, je pense, cher Gad, que tu ne vois ce "conflit" que par le prisme de ce que l'on veut bien te donner à voir. Israël ne se résume pas seulement à ses plages et aux mœurs libérales de Tel Aviv. Israël rime aussi avec colonies, occupation, massacres, blocus, humiliations… Je continue ? Tout ça pour dire que j'ai failli réserver une place pour ton spectacle. J'avais même demandé à un groupe d'amis de m'accompagner. Et puis, quand je me suis rendu compte que tu allais jouer à Jérusalem, "ce lieu saint parmi les lieux saints", j'ai changé d'avis. Pour moi et les défenseurs de la paix, Jérusalem, c'est surtout l'annexion en 1967 de la vieille ville, la spoliation quotidienne des Palestiniens de l'Est, la colonisation rampante, le tramway de l'apartheid...*

Alors, je te demande si ça ne te dérange pas d'aller jouer là-bas comme si de rien n'était... Dans un pays qui bafoue allègrement de nombreuses résolutions de l'ONU. Es-tu seulement allé une fois du côté palestinien ? As-tu déjà vu un camp de réfugiés ? As-tu déjà subi l'humiliation des checkpoints ? T'a-t-on narré les destructions d'oliviers centenaires ? As-tu seulement discuté avec des Palestiniens, ou des résistants israéliens ?

En fait, le business d'abord. Pas vrai ? Tout ce qui t'importe à toi et à Gilbert Coullier ton producteur, c'est de remplir les salles. Coûte que coûte[1]. »

Gad se sentait pris en otage. La question de l'argent revenait, lancinante, comme une faute à expier, au même titre que ses origines. La chanteuse Vanessa Paradis avait préféré annuler un concert là-bas, mais Gad n'y renoncerait jamais, lui qui avait été élevé « *dans un rapport sacré à Israël* ». Il donna une interview au magazine israélien francophone *Le P'tit Hebdo* : « *Les menaces sont extrêmement choquantes. Israël est le seul État démocratique de la région ! Je pense que face à de telles menaces, la seule réaction à avoir est de maintenir son spectacle. Ces artistes montrent qu'ils n'ont aucun problème avec Israël, qu'ils ne sont pas prêts à condamner toute une population. J'espère que les gens voient aussi Israël comme un pays avec une activité culturelle débordante*[2]. »

1. « Lettre à Gad Elmaleh », 26 janvier 2011.
2. Interview réalisée par Guitel Ben-Ishay, 25 janvier 2011.

Cette pression l'irritait cependant. Les États-Unis ressemblaient de plus en plus à une fuite salutaire, même si les voyages s'annonçaient plus longs, les absences plus cruelles.

Il refusait des propositions de films où la comédie était trop absente. Il lisait les nombreux scénarios qui s'entassaient sur son bureau, guettant une œuvre proche de *Hors de Prix*, ou une aventure américaine. Il rêvait de tourner un film aussi gracieux que *Vacances romaines* de William Wyler, avec Audrey Hepburn. « *On dirait que les comédiens dansent pendant tout le film*[1] », dirait-il. Seule une telle réussite lui ferait oublier la scène.

Il passait désormais beaucoup de temps aux États-Unis, prenait l'avion pour de modestes rôles, comme un explorateur. Il avait signé un contrat pour jouer le cuisinier *so french* d'Al Pacino dans *Jack and Jill*. Il pensait que de ses apparitions fugaces, même dans des navets improbables, sortirait quelque chose de grand. *Les Aventures de Tintin* lui avait ouvert quelques portes. Adam Sandler, le scénariste, producteur et acteur de cette pochade lourdingue où un homme tente de se débarrasser de son encombrante sœur jumelle, dira au micro de Didier Allouch : « *J'ai rencontré Gad à un match de basket. Il m'a semblé cool. Ensuite, je suis allé sur YouTube pour voir son spectacle. On a le même agent, et on s'est bien entendus*[2]. » Gad interprétait un cuistot que personne ne comprenait.

Même à New York ou dans le ciel, il recevait des idées, des projets, préparait l'avenir, redoutant plus que tout le vide. De bonnes surprises l'enthousiasmaient. Son agenda ne désemplissait pas. Parmi les dizaines de textes reçus, il s'arrêta sur *Un bonheur n'arrive jamais seul*, un projet du réalisateur de *Brice de Nice*, James Huth (ou plutôt de sa femme Sonja, co-auteur du scénario, et qui

1. *La Voix du Nord*, 27 juin 2006.
2. Canal +, 25 Janvier 2012.

pensa à Gad Elmaleh), une idée à la fois romantique et drôle (c'est du moins ce qu'il pensa lire), et bien écrite. Il interprétait un pianiste de jazz, amoureux permanent comme lui, mais insouciant, le contraire de l'angoissé qu'il était. Des scènes se déroulaient à Montréal (qui se changea en New York). Et sa galerie de belles actrices (Taglioni, Audrey Tautou) qu'il avait aimées à l'écran s'enrichirait de Sophie Marceau. Elle lui donnerait la réplique, faisant du « joli garçon » un galant du cinéma.

Il l'avait découverte tard. Dans son Maroc natal, le film qui l'avait rendue célèbre, *La Boum*, n'était pas diffusé. C'est en France qu'il l'avait vue pour la première fois, dans toute sa beauté, chez Zulawski et Pialat. Il aurait pu tourner avec elle bien avant. Des producteurs rêvaient de les associer, mais Gad, exigeant, avait jugé les scénarii médiocres. Il avait failli être son partenaire dans le film *De l'Autre côté du lit* en 2008, mais un autre engagement l'obligea à y renoncer, et il le regretta. Dany Boon le remplaça. « *Tourner avec Sophie, ça a un côté très flatteur, surtout pour une comédie sentimentale. Et puis, je me mets à sa place, tourner avec moi, c'est quand même quelque chose*[1] », conclut-il en riant.

De son côté, Sophie Marceau regardait les sketches de Gad avec son fils. Lorsque le réalisateur James Huth proposa son nom, après avoir cité plusieurs partenaires éventuels, l'actrice, qui dit toujours « *je ne suis pas facile à marier* », n'hésita pas une seconde. « Oui ! » Elle adorait sa façon d'étudier le caractère de ses prochains, sans méchanceté ni cynisme. Quand ils se rencontrèrent, Gad l'observa, un peu en retrait, peut-être intimidé, comme à son habitude. Il mettait du temps à se livrer.

Il dut naviguer entre travail et promotion, assista, impatient, à la sortie du film de Woody Allen, *Minuit à Paris*, le 11 mai 2011, puis eut le bonheur de retourner à New York pendant l'été afin

1. « Gad Elmaleh : "Tournez avec Sophie Marceau ? Un fantasme ! », *La Voix du Nord, Op.Cit.*

de mettre en boîte plusieurs scènes d'*Un bonheur n'arrive jamais seul.* L'équipe rentra à Paris, rue de la Paix, pour y poursuivre la romance. Gad aimait ce genre de comédies américaines style années 1940, et son surnom de « Cary Grant français » lui plaisait. Cette histoire égalerait-elle *Vacances Romaines*, la liaison d'une princesse et d'un journaliste ? Rien n'était moins sûr, mais ce tournage l'amusait. Une phrase qu'il y prononçait collait à sa personnalité : « *J'aime ma vie comme elle est, sans réveil-matin, sans alliance, sans impôts* ».

Il dut se déshabiller devant Sophie Marceau, malgré ses pudeurs. Il la rassura, essaya de la faire rire, effectua lui-même les cascades, qu'il appelait les « casgad ». Ils répétèrent une scène délicate, une danse ensemble. Le réalisateur James Huth envoya la musique, Gad s'arrêta : « *C'est quoi cette musique ? La musique de* La Boum *?* » Une belle musique accompagnait les images : Etta James, Ray Charles, Billie Holiday, The Marvelettes... Et Aaron Neville que Gad écoute en dansant. Il interpréta même une chanson : *How Could I Let You Go.*

Sophie Marceau conservait son sérieux avec difficulté. Elle ne résistait pas à son humour. « *Il est extrêmement vif,* dira-t-elle. *Tout peut devenir drôle avec lui. Un objet, une phrase, un mot, une situation, un silence, n'importe quoi. C'est incroyable ! C'est une tournure d'esprit que je n'ai pas, ça m'épate, surtout que je suis un peu le contraire, plutôt analytique, premier degré. Je suis assez concrète. Lui arrive à s'extirper de notre réalité pour en créer une autre. Forcément, il m'impressionne. C'est quelqu'un qui est vraiment fait pour la comédie. Un jour, je riais tellement que je me suis démis une vertèbre*[1]. » Elle admirait cet homme qui faisait rire des milliers de personnes tous les soirs et comprenait son lien mystique et physique à la scène. « *La vie doit sembler triste après ces moments très forts.* »

1. Dossier de presse.

« *Vif et burlesque* », comme les gags de Charlie Chaplin, résuma une chroniqueuse sur TF1. Il n'y échappait pas. Dans cette histoire romantique d'un coup de foudre entre un musicien de jazz et une femme « blessée », gestionnaire d'une fondation d'art, le comique prenait sa place, comme si Gad était condamné à jouer l'homme élastique, léger et drôle, et là... romantique !

Il acheta des barbes à papa aux enfants, visita le jardin de Giverny, et affronta des scènes où il faisait semblant, pendant un déjeuner, de dégobiller des clous et recevait en retour le véritable vomi des gosses, jouait les empotés dans un supermarché.

La chaleur accablait Paris cet été-là. L'orage grondait. Il ne prêtait aucune attention à la pluie, à l'attente, comblé par la bonne ambiance, et ce héros à la fois drôle et amoureux.

Au piano, même s'il jouait, il fut doublé par Pierre-Yves Piat, un musicien professionnel (ce sont ses mains que l'on aperçoit à l'écran).

En se voyant, Gad ne se sentit pas à l'aise, sans bien savoir pourquoi. La presse n'y crut pas non plus : « *Mais cette comédie doit aussi être romantique*, écrivit Frédéric Strauss dans *Télérama*. *Un problème, car les sentiments coupent net l'élan de James Huth. Son couple explosif ne produit, dans ce domaine, aucune étincelle. Au point de faire resurgir tous les artifices, de situations et de distribution. Qu'il n'y ait pas d'alchimie entre Sophie Marceau et Gad Elmaleh n'est pourtant pas vraiment une surprise. À moins de confondre la popularité qu'ils ont en commun avec leurs tempéraments, carrément discordants*[1]. »

Il n'ignorait pas les raisons qui avaient poussé Huth à les choisir : associer le comique le plus populaire de France et la comédienne la plus aimée. Cela n'avait peut-être pas suffi. Gad évitait de lire les critiques, préservant son équilibre avec ses spectacles.

1. 27 juin 2012.

Il finirait par trouver, à l'écran, le ton juste, peut-être chez Costa-Gavras qui lui avait enfin envoyé le scénario de son projet *Le Capital.* « Un drame encore ! » songea-t-il. « Finalement, plus facile et naturel, puisque le comique porte en lui le drame ! » Il attendait depuis des années son appel, mais n'y comptait plus. Il devait jouer un banquier, un nouveau rôle inhabituel et risqué pour lui. Mais son expérience de *La Rafle* l'aiderait à relever ce défi. De plus, un autre comique, José Garcia, avait déjà travaillé avec Costa-Gavras dans un film très sombre, *Le Couperet,* où il interprétait un chômeur tueur, et la critique ne s'en était pas plainte. Gad n'hésita pas, mais s'interrogea à nouveau. Le cinéaste d'origine grecque n'avait-il pas tourné des films importants, *Z* et *l'Aveu,* avec Yves Montand, dans les années 1960, puis *Missing* et *Music Box* ? Il avait offert à de nombreux comédiens français de grands rôles. Il apprit par ailleurs que le premier acteur pressenti pour son rôle était Mathieu Kassovitz, acteur dans *Amen* en 2002, et que Vincent Cassel avait été envisagé aussi.

Adaptée d'un roman plutôt cru de Stéphane Osmont, l'histoire évoque un banquier douteux opposé à un fonds spéculatif américain. Ce sujet ne pouvait qu'intéresser un cinéaste, amateur de récits troubles et contemporains, prompt cette fois à dénoncer les méfaits de la haute finance que la crise de 2008 et la faillite de Lehman Brothers avaient mis en avant.

Gad n'avait pas vraiment prêté attention au cataclysme, aussi grave, voire plus, disait-on, que celui de 1929. Au Maroc, il côtoyait la pauvreté depuis longtemps. Il la connaissait. D'autre part son travail et les bénéfices qu'il en avait retirés l'avaient un peu coupé du monde. Costa-Gavras avait lu un livre de François Gille intitulé *L'Engrenage Crédit Lyonnais*[1], rencontré des banquiers, étudié la question, afin de ne pas commettre un film trop

1. J.-C. Lattès, 1998.

manichéen. Gad, saisi, comme toujours, par le doute, s'étonna de son choix. Pourquoi lui ? Serait-il crédible ? Le réalisateur envoya à l'humoriste une cassette de *Missing*, destinée à montrer comment il avait choisi et transformé Jack Lemmon connu surtout comme acteur de comédies chez Billy Wilder. L'acteur américain jouait le père d'un journaliste disparu en Amérique du Sud. Cette comparaison flatta l'orgueil de Gad qui prédisait les clichés de la critique à venir : « Gad Elmaleh, premier rôle sérieux ! » (en oubliant *La Rafle*), « Gad Elmaleh fait son Tchao Pantin ».

Le tournage commencerait en septembre de l'année 2011. Gad combinerait à nouveau les impératifs de la scène et du cinéma, réjoui de montrer les sketches de *Papa est en haut* dans son pays, lui, le « Marocois » (Québécois et Marocain), comme il se définissait, devenu également Français. Quatre années avaient passé depuis son dernier passage dans sa ville blanche, Casablanca. Ses retours l'excitaient et l'angoissaient, il réapparaissait plus grand, avec dans sa besace un nouveau lot d'histoires et d'aventures. Il avait beau avoir joué chez Spielberg, Woody Allen et, bientôt, Costa-Gavras, l'exigeant public marocain, familial, s'en moquait. Il avait dépensé beaucoup d'argent, commis des sacrifices pour le voir, et comptait bien se divertir.

Cette pression particulière ne l'empêchait pas de se sentir en villégiature. Il retrouvait, dans le quartier du Maârif, ses amis d'enfance, se promenait sur le bord de la mer où il avait inventé ses premières histoires et regardé les filles. Le soleil, le splendide ciel bleu lui étaient agréables. Il revoyait ses personnages, comme son partenaire de la rue, Youssef, un garçon fin, frisoté, qui espérait lui aussi monter un jour sur scène. Gad se rendait compte qu'il avait inspiré des rêves insensés à ses compagnons restés au pays pendant que lui foulait les tapis rouges des palaces. Youssef avait basculé dans la pauvreté, la rue, et serait peut-être mort si Gad ne l'avait repêché. Les deux hommes ne s'étaient jamais quittés.

Quand il revenait, il traversait une ville pauvre, peuplée de silhouettes errantes, certaines à moitié saoules. Il saluait la population, signait des autographes, se cachait parfois parce que des inconnus voulaient devenir ses « amis d'enfance ».

Gad monterait donc sur scène, la peur au ventre, en cette fin d'été, au complexe AlAmal, un court de tennis réaménagé en salle de spectacle, le seul endroit de la cité susceptible d'accueillir plus de 10 000 personnes. Il y présenta *Papa est en haut* rebaptisé *Bidaoui* pour l'occasion. Le centre de « Casa » se figea, paralysé par les embouteillages. Toute la ville semblait attendre devant les portes d'entrée du Dôme. Les gardiens embauchés pour surveiller les 4 000 voitures venues au spectacle remercieront la star de cette manne inespérée. Gad fréquentait le marché, des enfants le montraient du doigt et le suivaient.

En achevant de tourner ici, il affrontait une situation beaucoup plus compliquée face à un public qui récitait par cœur ses sketches en s'étant procuré les cassettes entassées sur les étals des marchés et revendues à la sauvette. Il avait pris le parti de ne jamais dénoncer les copies frauduleuses de ses œuvres. Il en connaissait pourtant la provenance, le souk de Derb Ghallef, créé en 1982, gigantesque marché coloré que les habitants appelaient le « paradis du piratage ». Matériel électronique, meubles, vêtements, formaient des pyramides, à des prix modiques. Gad y perdait de l'argent, mais devait une grande partie de son succès chez lui à ces échanges sous le manteau. Bien sûr, le lieu anarchique avait désacralisé son œuvre, la privant de ces surprises que l'artiste s'efforçait de ménager. Il se garda bien de critiquer cette économie parallèle qui lui inspira même de nouvelles blagues : *« Vous savez, les cinq premières minutes de ce spectacle que je joue devant vous sont déjà disponibles à Derb Ghallef. Je vous jure, ils produisent en temps réel. Hier, on m'a proposé à Derb Ghallef le début du prochain film de Spielberg,* Les Aventures de Tintin, *que nous sommes toujours en train de tourner* ». Le public éclata de rire.

Partout les formules qu'il avait inventées revenaient vers lui comme un boomerang. « J'adooooore les suhsis ! » la grande phrase de Chouchou, restait la plus fréquente. Il avait été troublé au début, fier, puis agacé. Cet étrange enfermement dans lequel le jetaient ses propres créations le poussait à écrire, à poursuivre sa route, à sortir des barreaux de sa prison dorée. Il devait surprendre un public mûr et très averti ! Il avait remplacé la berceuse de *Papa est en Haut* par une comptine nationale marocaine, *Nini Ya Moumou*, dont il proposait l'analyse en français et en darija (dialecte arabe marocain).

Il glissa de la musique, comme toujours, attaché à son rôle d'« entertainer » à l'américaine. Sa guitare ne se trouvait jamais très loin de lui. Il jouait, conscient qu'il ne serait jamais un grand musicien. Peu lui importait. Le public se divertissait. Gad se servait de sa guitare comme d'un tambourin, livrait des comptines drolatiques. Devant une audience toute acquise, il n'avait plus rien à gagner, mais tout à perdre.

Son humour caustique piqua au vif le maire de Casablanca, Mohamed Sajid, installé au premier rang. Gad s'étonna des onéreuses boules de métal disposées le long de la corniche sur le bord de mer. N'y avait-il pas de manière plus opportune de dépenser l'argent quand les rues de la ville étaient en ruines ? « *Le bowling de la côte a fait faillite et vous les a refourguées ?* » Le premier magistrat se força à rire, et, bon prince, il invita, le lendemain, l'enfant du pays et lui offrit en cadeau une réplique des boules.

Lors de ces soirées au complexe Al Amal, il invita un artiste aussi connu que lui au Maroc, Hassan El Fad. Ce comique né presque dix ans avant lui, originaire de Casablanca, révélé dans des séries télévisées marocaines, dont le travail était assez proche du sien, parodiant des personnages fantasques, avec beaucoup de musique. Il racontait lui aussi son enfance, le quotidien. Gad avoua qu'Hassan l'avait beaucoup inspiré, et de son côté l'aîné admirait le prolifique auteur de *Décalages*. Une solide amitié se noua entre eux. Gad voulait le faire connaître à Paris, peu soucieux de lancer un éventuel concurrent. Pourquoi occuperait-il seul le créneau du « comique marocain », lui, le « Marocois » ? L'ennui, le spleen, la solitude représentaient des dangers plus dévastateurs. Ses amis artistes, ceux qu'il voyait enfant à la télévision ou écoutait en cassettes, l'aidaient désormais à secouer son confort. Gad prit donc beaucoup de plaisir à improviser avec le calme et positif Hassan. Un autre amuseur du coin, Hamza Tahiri (Miz), assura sa première partie et y vécut l'une des belles journées de son existence. Il sera éternellement reconnaissant à ce soutien tombé du ciel. « *Il y a bien un après Gad !* confiera-t-il au journal marocain *Le Matin. Assurer la première partie d'un monument du rire, ça change la vie d'un comédien. Il y a d'abord le stress et la pression de devoir jouer devant plus de 3 000 paires d'yeux et aussi l'envie de se montrer à la hauteur face à la personne qui vous a fait confiance. Bien sûr, ces cinq petites minutes de gloire ont aussi changé la manière dont les Marocains me percevaient. C'était amusant de voir le nombre de personnes qui se sont rappelé mon existence et des filles qui ont soudainement vu en moi un parti intéressant. Les Marocains acceptent rarement de venir à ton spectacle si tu ne t'appelles pas Gad, Jamel ou Roumanoff*[1]. » Il ajoutera aussi : « *Je veux prouver qu'un Marocain peut faire rire sans avoir à être célèbre ailleurs.* »

Indifférent à la concurrence et aux comparaisons en sa faveur ou défaveur, Gad s'attachait à soutenir les artistes de sa terre natale. Cette jeunesse le protégeait, préservait sa vivacité, son

1. 10 février 2012.

envie de travailler, de progresser. Il s'amusa même à renverser les rôles, se produisant en première partie de Miz.

Il promit de revenir l'année suivante. Ce furent de belles nuits. Poétiques et chaleureuses. Celles dont il avait besoin, avant de s'attaquer au *Capital*.

24

UN AMOUR PRINCIER

Son voyage à Casablanca l'avait regonflé, et il vécut des moments intenses sous la direction de Costa-Gavras, visitant des lieux parisiens comme l'hôpital Georges-Pompidou, se promenant avec la comédienne Céline Sallette, sur le pont des Arts. Ils se rendirent à New York – où ils logèrent à l'hôtel The Sherry-Netherland –, y tournèrent dans une limousine une difficile scène de viol. Le banquier Marc Tourneuil semait la désolation autour de lui.

Gad n'ignorait pas la fierté de sa mère, car, sa présence à l'écran, pour elle, avait valeur de diplôme, surtout en économie... Le tournage du *Capital* suivait son cours. Des récréations le libéraient de la pression du travail. Il quitta le plateau pour rejoindre Steven Spielberg et l'accompagner à quelques rendez-vous promotionnels en France. La sortie des *Aventures de Tintin*, le 26 octobre 2011, donna lieu à un gigantesque cirque médiatique. Gad savait qu'il servait de caution au blockbuster, mais se tenir à côté du grand réalisateur si élogieux à son égard suffisait à le combler, avant de retrouver Costa-Gavras. Le « *seul Français de l'aventure* » n'oublierait jamais la première à Bruxelles et ces policiers qui tentaient de contenir la foule, le Thalis repeint aux couleurs du film, les fans autour de lui. Spielberg reçut la grand-croix de l'ordre de Léopold, « *un cordon honorifique digne des généraux syldaves et bordures du "Sceptre d'Ottokar"* », comme l'ironisa *Le Parisien*[1].

1. « Les Belges acclament "leur" Tintin », 23 octobre 2011.

Gad s'efforçait de répondre aux nombreuses sollicitations. Il avait noué des amitiés, acceptait de nombreux dîners, en compagnie de superbes actrices. Il ne se doutait pas qu'une de ces réceptions allait le précipiter dans un monde étranger et étincelant. Chez le comédien Charles Berling, il fut présenté à une jeune princesse, Charlotte Casiraghi, héritière de la principauté de Monaco, fille de Caroline et petite-fille de Grace.

Il goûta son humour, son ouverture d'esprit, se rendant compte que ce genre de femmes émaillait les jolis contes de son enfance. C'était presque un rêve, comme tous ceux qu'il avait vécus depuis son départ du Maroc, à dix-sept ans, même si elle ne ressemblait pas à l'image qu'il aurait pu se faire d'elle. Elle tomba sous son charme, et quitta pour lui son fiancé Alex Dellal. Ils tentèrent de dissimuler leur liaison, évitant de sortir ensemble. Ils n'allaient pas au restaurant. Gad l'invitait chez lui. Il achetait les meilleurs mets de chez Le Nôtre, ou la Maison du Caviar. Elle priait son chauffeur d'arrêter sa limousine noire juste en bas de chez lui, et montait à vive allure, esquivant les paparazzis planqués de l'autre côté de la rue. Puis, elle repartait dans sa voiture qui l'avait attendue. Peu à peu, ils se dévoilèrent, ils apparurent dans une boîte de nuit parisienne.

Il dut se rendre à Miami pour la fin du tournage de *Capital*. Quand il revint, elle se précipita à sa rencontre.

Il n'avait plus envie de s'éloigner d'elle trop longtemps, mais son métier le réclamait. Il enchaîna avec un autre tournage, en avril 2012, non sans promettre à sa belle de lui consacrer tout l'été. Le cinéaste culte Michel Gondry, auteur des clips de Björk et de films branchés (*Eternal Sunshine Of The Spotless Mind*), l'avait engagé pour l'adaptation du roman de Boris Vian, *L'Écume des jours*, récit étrange d'une femme que l'on tente de guérir d'un nénuphar qui pousse dans ses poumons. Un Paris fantasmé s'étendait devant Gad. Les scènes de nuit l'enveloppaient, avec des voiturettes en bois, d'étranges escaliers. Le décor lui plaisait. Il avait rejoint une affiche peut-être trop clinquante, Romain Duris, Audrey Tautou. « *Michel Gondry voulait des comédiens emblématiques*, expliqua le scénariste Luc Bossi dans *Le Nouvel Observateur. Les personnages de* L'Écume des jours *ont un côté neutre, symbolique : ils n'ont pas de familles, ne sont pas très caractérisés. L'idée de Michel était de profiter du bagage de chacun de ses acteurs, de leur familiarité avec le public, des archétypes qu'ils représentent dans l'inconscient collectif pour que leurs personnages ne soient pas écrasés par le monde visuel très baroque au sein duquel ils évoluent*[1]. » Le film coûtait cher. Gad, fier de s'introduire dans l'univers de Gondry, accepta de baisser son salaire d'un tiers, touchant 500 000 euros. Il croyait beaucoup à cette œuvre baroque, colorée, bourrée de visions, intellectuelle et populaire. Il voyagea au pays des inventions, s'amusa dans une de ces voiturettes en bois, à l'église Notre-Dame-de-la-Croix. La dernière scène fut tournée sur la terrasse du quotidien *Libération* censée représenter l'appartement des deux héros, Romain Duris (Colin) et Audrey Tautou (Chloé).

Gad se réjouit d'entendre le clap de fin, joyeux à l'idée de profiter amoureusement de l'été comme il l'avait prévu, et de partir en vacances, la tête pleine de rêves.

Il passa un magnifique mois de juillet en Corse, à bord du yacht des Grimaldi, le PachaIII. Gad, quarante et un ans, Charlotte, vingt-six ans, et Caroline s'y prélassaient au soleil, puis musardaient sur le quai de Bonifacio. Les photos firent le tour de la presse, et l'indiscrétion valut au coupable, *Paris Match*, une attaque en justice et une condamnation – pour atteinte aux droits de la personnalité – à une publication judiciaire en bas de couverture. Gad avait été intronisé officiellement, mais en dehors des

1. « *L'Écume des jours* : 10 questions essentielles autour du film », Nicolas Schaller, 24 avril 2013.

salons cossus de Monaco. Personne ne savait encore ce qu'en pensait la Principauté et si l'idylle se prolongerait au-delà de quelques étés. Gad, le Don Juan, roi des amours éphémères, paraissait très épris. Spielberg, Woody Allen, Costa-Gavras, et pour finir, le royaume… Il était monté si haut. Par la grâce de l'humour !

25

TAMBOURS ET TROMPETTES À MONACO

Costa-Gavras dut se justifier : « *J'ai pensé à Gad parce que j'aime son personnage et j'aime son humour. J'aime aussi beaucoup les contre-emplois. Je l'ai vu sur scène et j'ai été impressionné par sa facilité à passer d'un personnage à l'autre tout en restant toujours très juste. Je me suis dit qu'en le voyant à l'écran, le spectateur aurait tout de suite le réflexe de sourire. Or, cela n'arrive jamais. Je voulais aussi jouer là-dessus*[1]. »

Gad le savait. Il lui faudrait convaincre que sa présence dans *Le Capital* n'avait rien d'un coup de marketing. Dans *Le Grand Entretien* de François Busnel, il s'opposa à une idée bien trop répandue : « *Non, je ne pense pas qu'en France, on colle des étiquettes, contrairement à ce que l'on dit tout le temps. C'est le seul pays où un champion de tennis devient chanteur et vend des millions d'albums, le seul pays où un gars héros d'une série* Chouchou et Loulou *gagne l'Oscar*[2], *le seul pays où Omar Sy, après le* Service après vente *sur Canal +, va aux Césars, le seul pays où l'on retrouve Jacques Dutronc en Van Gogh chez Pialat... Il y a plus de tiroirs et d'étiquettes aux États-Unis*[3]. » Il devait éviter les chausse-trapes, dans une société toujours aussi tendue, Gad n'avait parfois aucune alternative : il devait être sérieux, craignant de s'exposer à la polémique sur le bouclier fiscal dont il

1. Marc-André Lussier, « Costa-Gavras, *Le Capital*, argent maudit », *La Presse*, 25 janvier 2014.
2. Jean Dujardin.
3. France Inter, 2 janvier 2012.

avait été la cible au moment de la sortie de *Coco*. Des plaisanteries sur sa charge d'impôts lui échappaient. Il avait besoin d'évoquer publiquement le refus de la banque de lui délivrer une carte bleue au temps du cours Florent, cette humiliation qu'il avait subie. Mais, en pleine crise économique, quelques mois après le fameux discours de François Hollande qui fustigeait le monde de la finance, il prenait soin de ne pas cracher sur les banques : « *Contrairement au discours ambiant, nous en avons besoin, elles ne sont pas nos ennemies, nous dénonçons leurs dérives*[1]. » Il craignait de délivrer un discours manichéen susceptible de nuire au film.

Il comptait sur son sens de la formule, son humour, pour se préserver des débats venimeux. L'animateur Stéphane Bern s'amusera de cette œuvre destinée aux « béotiens ». Gad, avec honnêteté, demandera la signification de ce terme puis l'utilisera dans plusieurs de ses phrases, renversant ainsi l'embarras en effet comique… *Le Capital* inspirait sa verve. « *Je ne sais pas si vous avez remarqué les voitures des grands patrons ou celles des politiques. Elles ne font pas de bruit. On dirait qu'elles glissent. Il y a des portes qui s'ouvrent toutes seules. Les mecs prennent des avions en mousse.* » Il assurait la promotion, balançant des formules choc : « *Si on demandait à ce Marc Tourneuil quelle est sa devise ? Il répondrait l'euro !* »

Peut-être regrettait-il que le cinéaste n'ait pas traité le sujet en comédie absurde et grotesque.

Le Capital, sorti en novembre 2012, n'eut pas l'heur de plaire à une critique sévère qui avait digéré *Wall Street*, et adoré *Margin Call*. Le cinéaste s'en émouvra.

« *Il n'est pas du tout crédible en homme d'affaires, et lui-même n'a pas l'air à l'aise. On s'attend à tout moment à ce qu'il*

1. Stéphane Bern, *À la bonne heure*, RTL, 8 novembre 2012.

nous lance un bisou façon Chouchou ou Coco », écrivit *Télérama*[1].

Le Nouvel Observateur exprima aussi de nombreuses réserves : « *Gad Elmaleh est un comique souvent brillant, il était même l'un des seuls, récemment, à se sortir dignement du navet* Les Seigneurs *d'Olivier Dahan. Peut-on pour autant, à le voir incarner avec le plus de sérieux possible un jeune prédateur de la finance dans* Le Capital *de Costa-Gavras, ne pas avoir l'impression qu'il s'agit d'un mauvais sketch des Guignols ? Il est d'autant plus difficile de le prendre au sérieux que chaque réplique du film, écrite comme une sorte de fiche Wikipédia condensant un maximum d'expressions du jargon financier, sonne complètement faux. Cela doit autant au jeu artificiel du comédien (dans un registre Actors Studio qui est surtout un moyen de survie) qu'à la ringardise improbable de la mise en scène de Costa-Gavras*[2]. » *Le Monde* jugea le film « *insuffisant* ». « *C'était un pari que de confier au comédien au regard candide le personnage de Marc Tourneuil, cadre propulsé à la tête d'une banque d'affaires à la faveur d'un accident de santé du PDG qu'il servait jusque-là*[3]. » Ce regard candide semblait enfermer le comique. Les critiques le plaignaient de la tâche limitée que le réalisateur lui avait assignée, ce visage insensible auquel il était condamné. « *Buster Keaton tournant dans une adaptation de* Largo Winch, *voilà toute l'histoire* », ironisa *Le Nouvel Économiste*[4]. Il dut répondre aux questions des journalistes sur le côté exagéré et simpliste de la dénonciation. « *J'ai eu l'impression de révéler des choses de moi que je ne n'avais jamais montrées* », expliqua-t-il, énigmatique. L'absurdité du récit lui inspirerait un spectacle sur la crise.

1. Jacques Morice, 14 novembre 2012.
2. « Gad Elmaleh dans *Le Capital*, un des moments cinéma les plus gênants de l'année », Vincent Malausa, 17 novembre 2012.
3. « *Le Capital* : un intérêt insuffisant », Thomas Sotinel, 13 novembre 2013.
4. Saint Loup, 14 novembre 2012.

Il refusait de protester contre le traitement dont il était l'objet dans la presse. Une fois, il lâcha qu'une bonne critique dans *Libération* n'était pas bonne pour le box-office. La ferveur du public et les amitiés le protégeaient des déceptions, et du manque de sérieux avec lequel, selon lui, les journalistes le jugeaient. La presse ne parla presque jamais de sa performance dans *L'Écume des jours* qui sortit quelques mois plus tard, le 13 avril 2013. *Télérama* éreinta le film : « *Le cinéaste qui en rajoute dans le farfelu bricolé, jusqu'à étouffer* L'Écume des jours *sous un amas de trouvailles bordéliques. Son art des petits mécanismes merveilleux sombre dans un systématisme qui tue la poésie en la produisant à la chaîne*[1]. » Même les *Inrockuptibles*, pourtant fans de Gondry, manifestèrent un certain « dégoût » : « L'Écume des jours *est un film plein, un festin pour les yeux aussi chargé que ces buffets pantagruéliques qui barbouillent l'estomac au bout de trois bouchées. L'orgie visuelle déployée par Gondry n'est pas une écume mais une vague, un puissant rouleau qui engloutit tout (acteurs, personnages, émotions, spectateurs…) et nous laisse sur le sable, étourdi et hagard*[2]. »

Romain Duris, l'acteur en grâce dans cette période, attirait la lumière, mais *L'Écume des jours* fut un échec critique et public et, la première semaine, n'attira que 43 000 spectateurs.

À l'heure où nous écrivons, *L'Écume des jours* est le dernier film en date de Gad. Un nouveau rôle occupait tout son temps. Rien ne pouvait tempérer la joie de l'amour qu'il éprouvait pour Charlotte, et de l'enfant prévu un jour.

Que dirait la critique ? Se montrait-il convaincant en prince consort ? Il se glissa vraiment dans ce costume lors du bal de la Rose, au printemps 2013. Charlotte avait choisi cet événement

1. Frédéric Strauss, 24 avril 2013.
2. « *L'Écume des jours*, une adaptation ratée », Serge Kaganski, 23 avril 2013.

prestigieux pour officialiser son union et présenter son chevalier. Depuis 1954, le gala de charité, présidé par Caroline, recueille des fonds au profit de la fondation Princesse Grace, et de l'enfance handicapée. Cette année-là, il fêtait le cent cinquantième anniversaire de la société des Bains de Mer.

Le toit du Sporting s'ouvrit, dévoilant les scintillements au loin, sous un ciel chaud et étoilé. Charlotte se tenait droite, dans une jolie robe. Peut-être était-ce pour Gad l'ultime étape de son ascension vertigineuse, celle du *Prisonnier de Zenda*, précipité dans un royaume. Il sentait confusément sa toute puissance, un pouvoir qu'il n'aurait jamais pu imaginer posséder un jour.

Il voyait Charlotte monter à cheval, telle une reine, pendant le championnat d'équitation, puis surgir au détour des pages glacées des magazines en tenue d'amazone du couturier italien Gucci. Elle jaillissait en pleine lumière, fille de Caroline et de son époux, Stefano Casiraghi, disparu en 1990 à la suite d'un accident de offshore. Charlotte, orpheline de père, avait grandi loin du Rocher, dans la petite ville de Saint-Rémy-de-Provence. Elle n'avait jamais cherché à attirer les projecteurs, les laissant à sa mère et à sa tante Stéphanie. Elle n'avait pas le statut de princesse. Les représentations n'étant guère pour elle, cela lui ménageait cette liberté dont elle profitait, elle, la férue de littérature et de philosophie, la cavalière venant honorer de sa présence quelques œuvres de charités, le fameux bal de la Rose, où le monde découvrit sa liaison avec le prince de la comédie. « *Teint de porcelaine, lèvres carmin et chignon sage – de ceux qu'affectionnait sa grand-mère, la princesse Grace, les soirs de gala, Charlotte est entrée dans la salle des Étoiles du Sporting Monte-Carlo avec l'assurance sans tapage de ceux qui n'ont plus rien à prouver à personne et qui, surtout, se sentent sous les sunlights et les bravos comme chez eux*[1] »

1. « Charlotte Casiraghi, princesse jusqu'au bout des ongles », Coraline Lussac, 2 avril 2008.

écrivit *Gala* lors d'une édition en 2008. Le magazine *Forbes* l'avait distinguée comme l'une des héritières les plus fascinantes de notre époque. Elle était là, avec ses très longues jambes, sa robe rose Chanel, arrivée à 20 h 30, précédant la famille princière, au bras de son frère Pierre. Puis, le nouvel invité, Chouchou, Coco, Marc Tourneuil, débarqua, fier et amoureux, tout près d'elle, indifférent ou non aux rumeurs sur le petit Marocain décidé à s'offrir une vertu, comme le répétaient ses contempteurs.

Il n'avait pas envie de demeurer dans les délicats ors du palais à parader sans bien savoir que faire. Le travail le sauvait de rôles un peu embarrassants. Il restait Parisien, indépendant, doté de ce pouvoir dont il ne mesurait pas la portée. Son petit bureau l'attirait. Il avait écrit son quatrième grand spectacle, qu'il intitula, peut-être par manque d'idées, *Sans Tambour*, s'exposant aux plaisanteries faciles si d'aventure l'œuvre ne plaisait pas. L'expression rappelle une scène dans la série des Antoine Doinel de François Truffaut. Le jeune héros, joué par Jean-Pierre Léaud, se met en tête d'écrire un roman, et il cherche le titre. L'un de ses voisins réfléchit, et lui dit :

« Il y a des tambours dans votre bouquin ?

Non.

Il y a des trompettes ?

Non.

Eh bien, vous n'avez qu'à l'appeler : "Sans Tambours ni Trompettes" ! »

Le titre traduisait sa volonté de discrétion, de modestie, d'intimisme, comme une sorte de parenthèse. Sa position de « prince monégasque » lui donnait des devoirs. Sans doute éprouvait-il quelque difficulté à sortir des pages people pour redevenir l'artiste qu'il était. Un peu ramolli par le yacht et le farniente, il avait séché au début, puis le récit avait coulé de sa plume. Il y racontait à nouveau son quotidien, l'enfance au Maroc, mais développait d'autres observations actuelles, les courses dans un supermarché, la célébrité, épargnant sa vie privée… Jamais il n'avait disposé d'autant de moyens, de force de frappe, l'expression réelle de son pouvoir. Il était entré dans l'une des plus grosses écuries françaises du spectacle, celle du producteur de Johnny Hallyday, Gilbert Coullier. Il revenait en cinémascope, résolu à ne pas se laisser gagner par le vertige, à garder son côté artisanal et proche. Il ne descendrait pas sur scène en hélicoptère, à la manière de Johnny, ne pensait pas se produire au Stade de France comme l'avait tenté et réussi le très « raffiné » Jean-Marie Bigard, presque dix ans plus tôt.

Il préserverait son écrin élégant. Il inaugura l'œuvre en grande pompe dans le joli cadre du théâtre Marigny, du 28 mai au 1er juillet 2013. « *Retour, après cinq ans d'absence !* » disait une publicité légèrement mensongère. Il n'était jamais vraiment parti.

Vêtu de son éclatant costume bleu, avec cravate, il jaillissait sur scène, sur la musique de *Get Lucky* des Daft Punk, se ménageait la possibilité de sortir de son histoire, au gré des endroits où il se produisait.

L'escale au Québec resta un moment particulier pour lui, malgré un éloignement douloureux. Il lui tardait de retrouver sa famille.

Il monta sur la scène du théâtre Saint-Denis, à Montréal, en octobre 2013. Quelquefois sa position sociale, et people, semait la confusion. La politique venait fracasser son monde. Ce soir-là, Gad dut faire allusion à la Charte des valeurs, l'accommodement laïque en discussion à travers tout le pays (le projet serait déposé le 7 novembre avant d'être abandonné) qui garantissait la neutralité religieuse de l'État et l'égalité entre les femmes et les hommes. Gad ne savait jamais s'il devait prendre part à ces débats. Le public attendait de lui un signe, un geste : ses origines, son parcours le contraignaient à s'en mêler. « *Vous savez, en France, on a réglé tout ça depuis cent ans – le foulard et tout ça* », ironisa-t-il. Une voix féminine fusa depuis le public : « On n'est pas en France ! » Une secousse agita la foule mêlée de sifflets, de cris. Gad se tut, prit de court. Puis, revenu de sa surprise et de son malaise, il commença à parler avec la spectatrice. Yasmine, avait grandi au Maroc. « Comme moi ! » Chacune de ses saillies semblait refroidir le public, l'irriter, mais il parvint à retourner une audience divisée, faisant parler, comme l'écrira un journal québécois *Le Devoir*, sa « nature jazz » jusqu'à vanter la réussite du « vivre ensemble », la beauté de cette francophonie. L'article s'intitulait d'ailleurs « Du bruit, même sans tambour[1] ».

Ce nouveau spectacle divisait la critique. « *Le bleu des yeux tranche avec le noir de la tenue. Lorsqu'il monte sur scène, son regard clair et son sourire envoûtant suffisent à illuminer la pièce. Chouchou du public, il est le seul humoriste français à s'exporter, de Paris à New York en passant par Miami ou Tel-Aviv*[2] », s'enflamma *Direct Matin* dans un article titré : « L'Ami public n°1 ». D'autres ne témoignèrent pas du même enthousiasme. « *Après pourtant cinq mois de rodage, l'humoriste produit par Gilbert Coullier ne semblait pas prêt. Et certainement pas à son meilleur niveau pour la présentation de son nouveau one-man-show*, regretta *Le Figaro. Restent ses improvisations brillantissimes. Formé au cours Florent, charismatique, Gad Elmaleh est un bon acteur, avec un jeu très physique et un vrai sens de la répartie. Il rebondit en un dixième de seconde à la moindre phrase lancée par les spectateurs, dont ses nombreux fans de la première heure. Qui en redemandent, eux*[3]. »

Le spectacle laissa aux observateurs un sentiment d'inachevé. Le surdoué avait-il pris assez de temps pour peaufiner son entre-

1. 11 octobre 2013.
2. 28 août 2013.
3. « Gad Elmaleh, un retour *Sans Tambour* ni trompette », Nathalie Simon, 31 mai 2013.

prise, ou se reposait-il sur ses facilités ? S'épuisait-il après une décennie au plus haut niveau ? Lassait-il ?

Il posait un cahier sur une table, afin, dit-il, de noter les bonnes blagues car « *je sens un public exigeant* ». Les palais princiers semblaient avoir éteint la flamme qui brûlait en lui. Nous retenons ce lot de petites phrases, sur l'actualité : « *Les vélos se croient tout permis dans les rues de Paris sous prétexte qu'ils sauvent la planète* » ; il brocardait le « mariage pour tous » qui allait « *foutre le bordel dans le jeu des sept familles* ».

« *Pas à son meilleur niveau !* » La hantise du déclin commençait à le tenailler. Il cherchait des émotions nouvelles, poussé par une force, son refus de la facilité et du confort. Che Guevara n'avait-il pas refusé le bien-être du palais de la Havane et du pouvoir que lui offrait Fidel Castro, préférant continuer la guérilla dans la jungle bolivienne ? Gad reprit lui aussi son sac de voyage et repartit en campagne.

Depuis quelques mois, il mettait au point son arrivée aux États-Unis, résolu à repartir de zéro, à ranimer l'émotion des débuts, ce mélange d'angoisse et d'ardeur qu'il avait l'impression de perdre. Il tenterait de combiner cette nouvelle aventure lointaine avec sa vie de famille, mais le marin qu'il était ne pouvait ouvrir une taverne à quai et servir la clientèle en renonçant à la mer. Il reviendrait pour la naissance de son fils, il l'avait assuré à Charlotte. Elle comprenait. Il avait besoin de se mesurer, même en anglais, aux professionnels américains. Il souhaitait devenir populaire au pays de son mentor, Jerry Seinfeld dont il avait assuré la voix française dans le film d'animation *Bee Movie*. Il mit le cap sur un fameux café de New York au nom symbolique, celui de la ville maudite de Batman, Gotham Comedy Club, la scène de l'enfer pour tous ceux qui rêvent de gloire. Ouvert en 1996, il était devenu la rampe test des candidats au stand-up. Le public allait et venait, parfois clairsemé, applaudissait, sifflait, riait ou ne réagissait pas, et les comiques se succédaient, essoufflés, brillants, gênés ou à l'aise. Ils avaient dix minutes devant eux pour convaincre, comme des cowboys pendant un rodéo sur leur mustang sauvage, obligé de tenir en selle jusqu'à fatiguer et dominer la bête. Au-dessus, une lumière rouge s'allumait si d'aventure le rire ne secouait pas le public. Gad monta à son tour, et commença son sketch en anglais. Il se moqua de l'air conditionné, évoqua les chauffeurs de taxi indiens qui conduisaient et bavardaient au téléphone. Il entendit des rires, se gaussa de la France, parla de sa vie, puis quitta la scène. Le patron le félicita mais ajouta : « Ils ont ri cinq minutes, ils doivent en rire dix ! » Il fréquenta plusieurs autres endroits, avec des fortunes diverses. Le patron d'une autre salle le prévint : « Tu ne reviens pas la semaine prochaine ! » Gad écoutait et ne disait rien. « Who's that Guy ? » hurla un spectateur.

Il recevait des douches froides, mais ces secousses lui redonnaient de la vigueur, et contre toute attente, un certain plaisir, masochiste, indispensable. Il traduisait ses sketches. Un passage de quatre pages se réduisait à une en anglais. Il devait emprunter des raccourcis, se montrer direct, privilégier le texte écrit aux dépens de l'improvisation, jusqu'à acquérir plus d'aisance.

Évidemment, Gad ne partait pas complètement de rien, aidé par de prestigieux parrains, présents sur le bord de la route, à qui il confiait ses doutes. Woody Allen, ancienne vedette de la scène, l'encouragea, amusé de voir son ancien détective privé attaquer une montagne aussi haute. Jerry Seinfeld, l'influent humoriste américain, l'accueillit aussi. Il avait en face de lui le maître du stand-up, cette forme de one-man-show, où l'humoriste parle au public, raconte des histoires drôles sur son quotidien, adopte une attitude, spontanée en apparence. Seinfeld, inconnu du public français, prenait plaisir à échanger avec son admirateur, célèbre en France, et s'interrogeait sur son défi. « *Tu as une rente en France ! Pourquoi viens-tu ici remettre en jeu ta casaque ? Qu'un Français vienne faire du stand-up aux États-Unis, c'est comme si un Américain allait ouvrir une usine de pâtes en Italie ou faire du vin en France*[1]. » Il disait souvent : « *La comédie c'est simple, mais ce n'est pas facile !* » Gad souriait. Il ne renoncerait pas : il aspirait tant à élargir son espace, à se remettre en question. Seinfeld avait aussi ajouté que la drôlerie franchit les frontières, dépasse les questions de langue et de culture. Le ressenti touche les cœurs.

Gad profita de son séjour aux États-Unis. Des équipes de télévision françaises, au courant de son projet ambitieux, le pistèrent, pendant son footing quotidien dans Central Park : il tenait à arriver en forme sur scène, comme un boxeur, tonique. Il avait emmené une jolie blonde, coach sportif, Magali Blachon, courait sous les arbres, sans qu'aucun badaud n'interrompît son entraînement, puis pénétrait dans une salle de gymnastique, accomplissant de longues séances – quatre heures de musculation – pour mieux affronter l'inconnu.

« *Je suis ici juste un type qui essaie d'être drôle*, s'amusait-il, en sortant de scène. *Dans la salle, il y avait des Québécois, des Libanais, des Français. C'est dans ces moments-là que l'on s'aperçoit que la francophonie est disséminée partout dans le monde. C'est énorme. C'est aussi pour ça que j'ai aimé le Québec, parce que ça me donnait une autre vision de la francophonie. Je suis d'ailleurs beaucoup trop francophile pour déménager aux États-Unis ou me mettre à travailler en anglais. Je peux facilement tourner partout dans le monde en français. C'est merveilleux.* »

La presse américaine le présenta comme une star française et le fiancé de la petite-fille de Grace Kelly. Il monta sur scène comme on va à l'échafaud, en tremblant, devant une audience impatiente. « Qui est ce putain de type ? » À quarante-deux ans, il avait peur

1. *10 minutes in America*, documentaire de Gad Elmaleh, 3 novembre 2014, Canal +.

d'appartenir au passé. L'existence filait si vite. Ses cheveux tombaient. Il parlait souvent de la vieillesse. Le jeune homme fringant du cours Florent et de *Décalages* disparaissait lentement. Il essayait de le rattraper dans ce Nouveau Monde. Sa famille lui manquait, la solitude le rongeait. Ses sentiments et interrogations agitent le film qu'il rapportera de son expérience, *10 minutes in America*. Gad consultait une voyante, invitait ses parents, reprenait son sac de voyage et traçait la route comme un Jack Kerouac de l'humour. « *Au-delà du défi personnel,* écrit *Télérama,* 10 Minutes in America *propose une passionnante réflexion sur le jeu et l'art de l'improvisation, nourrie par un Woody Allen en verve, inspirée par cette nécessité impérieuse d'être drôle à chaque phrase : "C'est tellement dense que, en quarante-cinq minutes, on fait plus de blagues que dans un film d'une heure et demie", rappelle le cinéaste*[1]. »

Gad savait qu'il mettrait du temps à rattraper Jean Dujardin, décoré d'un Oscar pour le film muet *The Artist*, et dont le nom circulait aux États-Unis depuis quelques années déjà. Jerry Seinfeld semblait décidé à l'aider. Il l'invita à son émission, *Comedians In Cars Getting Coffee*, où il interviewe des stars dans une voiture. « *Il n'invite que des humoristes américains, et j'ai été très touché d'être sur la liste des gens qui l'intéressent et le font rire*[2] », s'enthousiasma Gad heureux de monter à bord d'une vieille 2CV pour l'occasion immatriculée 1950 2CV 1984. Jerry Seinfeld louange la voiture la plus populaire en France après la guerre, « so french », sur une musique d'accordéon bienvenue. Elle roule devant les gratte-ciel, se fait bousculer par les camions, sa porte s'ouvre comme poussée par un fantôme. L'hôte américain présente Gad Elmaleh, comme le premier artiste à avoir importé le style du stand-up en France. « *On l'appelle le Jerry Seinfeld français.*

1. 1er novembre 2014.
2. « Gad Elmaleh et Jerry Seinfeld, "qui se ressemble s'assemble" », Emmanuelle Assor, Magazine *LVS*, septembre 2013.

Ce n'est pas exact, mais je l'adore, je le trouve drôle », ajoute-t-il. L'automobile antédiluvienne, selon la bonne tradition, tombe en panne. Jerry sort, s'énerve, frappe le volant, puis redémarre. Le tournage se prolonge, en rade et dans le mouvement, entre route tranquille et hoquet. Gad n'ose rien dire, gêné, comme si le représentant de la France qu'il est devait assumer les caprices de la voiture « bien de chez nous ». Aucun obstacle n'éloigne le Juif New Yorkais du Juif marocain, à l'humour commun, auteur d'une émission gavée de clichés jusqu'à l'os, où l'on parle de la douceur de vivre parisienne, de la bousculade new yorkaise en achetant des « french fries ».

Gad garda un souvenir fort de son séjour, ravi de regagner le vieux continent, et de vivre le plus bel événement de sa vie, la naissance de son deuxième enfant, au Centre hospitalier Princesse Grace à Monaco, annoncé par un communiqué officiel : « *Charlotte Casiraghi et Gad Elmaleh ont la joie de vous faire part de la naissance de leur fils, Raphaël, né à Monaco, le 17 décembre 2013. Les grands-mères se portent bien.* »

Il ne dissimulait rien de son inquiétude, prêt à faire partager sur Twitter ses préoccupations de père ordinaire : « *Quand j'arrête de me faire du souci pour ma famille ça m'inquiète. Du coup je me re-soucie pour être moins inquiet.* » Charlotte ne jouait pas le rôle de la femme au foyer. Elle apparaissait souvent lors des fashion weeks, un peu partout en Europe, parlait à Anna Wintour, et continuait de travailler pour Gucci. La presse annonçait leur mariage. Gad n'y avait jamais été opposé. « *Mais le secret d'un mariage réussi*, avait-il d'ailleurs dit un jour, *et tant pis si cela fait nouveau riche, j'assume, c'est d'avoir deux salles de bain*[1] *!* »

Il avait donné un nom hébreu à son fils, Raphaël. La question religieuse émouvait le landerneau monégasque. Serait-il baptisé ?

1. L'interview de Gad Elmaleh pour la sortie de Coco, *Femme actuelle.fr*, 5 mars 2009.

La communauté se demandait si l'enfant serait circoncis sous l'égide d'un rabbin complaisant car sa mère n'était pas juive. On disait que Gad avait fait circoncire son fils en douce. Le comédien ne répondit pas. La pression politique ne se relâchait pas. Il admit se sentir proche d'Israël, à la grande joie de ses partisans, se mit à célébrer l'État hébreu, son humour, sa société « *saine et vivante* », et compta ses amis de Tel-Aviv. Il se disait croyant. Peut-être était-ce une manière de défendre son identité en plein cœur de Monaco et de ses rituels protocolaires ? Les déclarations du comédien provoquèrent le courroux des Palestiniens et de leurs partisans si bien qu'il dut renoncer à une tournée au Liban. Le festival de Beiteddine, une petite ville au sud-est de Beyrouth, l'attendait. Les places s'étaient écoulées vite. La toile s'affola, Gad fut accusé d'avoir combattu pour Israël, une photo de lui en uniforme tourna de blog en blog. La chaîne de télévision Al Manar, soutenue par le Hezbollah, le traitait d'« agent du sionisme », prétendant qu'il avait été nommé « ambassadeur d'Israël à la francophonie ». Il aurait même reçu quelques menaces de mort. Il expérimenta la psychose de l'époque, basée sur de folles rumeurs et une paranoïa irréfragable. L'annulation de la tournée s'imposait. Son producteur Gilbert Coullier fut obligé d'intervenir : « *Gad Elmaleh n'a jamais fait partie de l'armée israélienne. Il est évident que ce n'est pas lui qui figure sur la photo, quiconque connaissant un minimum l'artiste pourra le constater sans peine.* » Il s'agissait d'un « *canular de mauvais goût* ». Les organisateurs essayèrent jusqu'au bout de convaincre Gad. En vain. Puis ils rédigèrent leur communiqué : « *Le festival de Beiteddine ne se laissera pas entraîner dans un débat stérile et stupide autour de ce sujet. Nous n'avons pas besoin de leçon en matière de patriotisme.* »

Finalement, le baptême de Raphaël eut bien lieu sur le Rocher. Le petit garçon serait élevé dans la religion d'État de Monaco, le catholicisme ! Gad y avait consenti, provoquant la bouderie de sa propre famille. Ni son père David ni son oncle Albert ne participèrent à la cérémonie, cernée par les photographes et les journalistes. Sa mère, Régine, accepta de s'y rendre. Elle emmena l'aîné de Gad, Noé, et s'installa au premier rang de la chapelle. Puis, ce joli monde rejoignit les hauts murs du palais pour un déjeuner sélect. La robe de Charlotte Casiraghi jaillissait furtivement entre deux portes, aux côtés du prince Albert, parrain de Raphaël. L'enfant béni semblait entrer dans la vie avec les meilleurs atouts, et dans la discrétion mouvementée d'une mère qui tentait de le préserver d'une presse à l'affût. Aucune apparition officielle de la famille sur un balcon ou à une soirée. Gad s'efforçait de les protéger, sans toujours parvenir à les soustraire aux paparazzis. « *Connu dans le monde entier à moins d'un an. Terrible rançon*[1] », résuma le journal de potins, *France Dimanche*. Il l'acceptait (que pouvait-il faire d'autre ?), mais s'énervait lorsque des photographes le harcelaient pendant une promenade avec son fils. Le magazine *Voici* ne le lâchait pas. Des rumeurs y naviguaient d'un extrême à l'autre, mentionnant des heurts au sein du couple, avant de dépeindre un ciel (fleur) bleu. « *En clair, chaque jour, Charlotte découvre un peu plus à quel point son homme est un bon père et ça la rend de plus en plus amoureuse.* » Ils attaquèrent bien souvent *Voici*, et gagnèrent.

La presse people n'était jamais rassasiée. « Gad passe ses nuits avec une autre », titra *Ici Paris*. « *Alors que Charlotte Casiraghi est restée en France, le comédien a su comment occuper son temps libre à Los Angeles.* » Le journal suggéra que l'ancienne épouse Anne Brochet avait rejoint Gad et son fils Noé aux États-Unis, et qu'elle occupait une chambre voisine de la sienne. « *Durant quelques jours, les deux ex ont vécu sous le même toit, partageant leurs repas, les activités de l'après-midi, comme la décoration de la maison pour*

1. « Charlotte, son fils en danger ! », Christian Morales, 29 août 2014.

Halloween, et inévitablement leurs soirées. » Charlotte aurait pris un avion pour Los Angeles, et les choses se seraient arrangées, conclut le quotidien. Il ne s'était donc rien passé. La princesse avait l'habitude d'entendre des ragots, et ne s'en inquiétait plus.

Le Don Juan Gad aimait retrouver sa famille. Pendant ses tournées, en France, il prenait même la route la nuit, impatient. La vie des boîtes et des clubs appartenait au passé. « *Ma femme a un avis sur mon travail et ses critiques sont très justes*, révéla-t-il à *Femme Actuelle. Son soutien est inconditionnel mais, en même temps, elle dit ce qu'elle pense. Son regard me porte*[1]. »

Il aimait ses deux garçons, Noé, âgé de treize ans, et Raphaël qui fêtait son premier anniversaire, décidé à les pousser à travailler dur. Aucun ne pourrait compter sur un père fortuné et célèbre. Gad n'ignorait pas que ses enfants ne manqueraient jamais d'argent, mais tenait à leur rappeler la valeur des choses. Il avait encadré son premier chèque, et n'hésitait pas à le montrer. « J'étais pauvre autrefois ! » répétait-il, refusant d'acheter le plus beau vélo à Noé afin de ne pas l'habituer au luxe. *J'étais pauvre autrefois !* Il ne l'oubliait pas. Il s'était enrichi et, dans la France en crise de ce début de millénaire, sa bonne étoile avait parfois le goût du poison !

1. 24 novembre 2014.

26

SUR LE TAPIS ROUGE

Il aura pu souvent mesurer les effets néfastes de la célébrité. Embarrassé dans ses déclarations sur Israël, Gad Elmaleh voyait revenir comme un boomerang l'autre thématique dont il avait cru être délivré après *Le Capital* et ses déclarations sur le bouclier fiscal, l'argent. L'angoisse ne le lâchait pas. Et si tout cela s'arrêtait ? S'il voulait enseigner à ses enfants la valeur de l'argent, il devait aussi les mettre à l'abri, se protéger, assurer son grand train de vie. Il accepta cette publicité pour la banque LCL. Les téléspectateurs découvrirent son nouveau rôle en janvier 2014. On le voyait sur scène, dans son costume noir : « *Je rêve d'une banque…* » parodiant le fameux « I have a dream[1] » de Martin Luther King, devant un public aux anges, s'esclaffant à la moindre saillie. « *Je rêve d'une banque idéale qui soit faite spécialement pour moi, Gad Elmaleh. Attention pas une banque qui m'oblige à prendre des trucs qui ne servent à rien, que je ne comprends pas, ça non ! Une banque qui penserait à mes intérêts – aux vôtres aussi ! – avant de penser aux siens !* »

Les producteurs avaient engagé cinq cents figurants qui affectaient de trouver le sketch hilarant.

Gad avait accepté, sous certaines conditions : qu'un réalisateur brillant et célèbre tourne le film ! Patrice Leconte, connu pour ses films *Les Bronzés*, *Tandem* ou *Monsieur Hire*, rejoignit l'équipe,

1. J'ai un rêve.

sans que sa marque apparût. Le comédien assouvissait ici un rendez-vous manqué avec l'un des meilleurs cinéastes français.

Il n'imaginait pas que tant de critiques et de moqueries l'accableraient. Les contempteurs du spot reprochèrent surtout au comique la médiocrité de la scène, « *pas drôle du tout, affligeante* ». Gad pouvait accomplir tous les sacrilèges, aimer l'argent, mais n'avait pas le droit de commettre une faute professionnelle : ne pas être drôle !

« *Gad Elmaleh annonce qu'il va faire don de son cachet pour la pub LCL aux nécessiteux monégasques. Ouf !* » ironisa un autre comique, Didier Porte qui aurait refusé une offre de 340 000 euros de la part de Peugeot. Son entrée à Monaco lui revenait en pleine figure.

Gad avait touché 450 000 euros. Il se souvenait de son arrivée en France, sans le moindre sou en poche, le travail de titan qu'il avait dû effectuer pour survivre. Son succès, ses liens avec Monaco alimentaient les procès qui étaient instruits contre lui.

La presse fustigea aussi cette séquence « pas franchement hilarante ». Gad hésita à réagir, mais devant l'ampleur des lazzis et l'incompréhension, il s'expliqua :

« *Je ne regrette rien, même la pub LCL. Je pensais que c'était bien. Le public s'est beaucoup exprimé dessus mais ça veut dire qu'il ne me laisse pas faire n'importe quoi. Ça me touche. Je l'assume, je ne vais pas cracher dans la soupe, je pensais que ça allait être bien, j'ai été super bien payé, je n'ai rien caché. Mais en effet, il y a un malentendu*[1] *!* » Il essaya de calmer la bourrasque, rappelant qu'il avait déjà tourné, en 2002, une publicité pour une banque, le Crédit du Maroc (filiale du Crédit Lyonnais). À l'époque, les critiques avaient visé la banque plutôt que l'acteur, choquées de voir un

1. « Gad Elmaleh : la pub LCL, je pensais que c'était bien », propos recueillis par Sabine Bouchoul, *Metro News*, le 2 novembre 2014.

établissement financier respecté employer un ton aussi léger pour une affaire sérieuse. L'image virevoltante de Gad Elmaleh qui dansait, roulait dans une Volkswagen jaune, et terminait au bord d'une piscine avait séduit et rajeuni l'image de l'entreprise.

La polémique n'en finissait pas. Dans cette France nerveuse et inquiète, il restait une cible, le « méchant de la semaine », comme l'avait été son ami exilé fiscal Gérard Depardieu qu'il avait toujours défendu, contre les attaques. Il se réconfortait au sein de sa famille. Le clan formait une barrière entre ses détracteurs, les malentendus et lui.

Il retrouvait avec plaisir son frère, au seuil, espérait-il, d'une vie dorée. Arié se débrouillait bien, mari à la ville de la comédienne Virginie Ledoyen, mais devait se battre pour affirmer sa position. En 2006, Éric Rochant, qui avait travaillé avec Gad autrefois dans *Vive La République*, au moment d'engager le cadet pour son film *L'École pour tous*, s'entendrait dire de la part d'un journaliste : « *N'avez-vous pas eu peur que certains vous disent "il n'a pas eu Gad Elmaleh alors il a pris son frère*[1] " ».

Le réalisateur répondit : « *Je n'ai même pas imaginé lui proposer le rôle puisque Gad est trop vieux, il a quarante ans. Cela ne marchait pas pour moi. Déjà Arié était limite trop vieux. En plus, ils sont très différents, ils n'ont pas du tout le même registre. Arié n'est absolument pas un ersatz de Gad.* »

Gad ne l'ignorait pas. L'arrivée d'Arié pouvait-elle représenter un souci pour lui ? Il ne le dira jamais. Il avait pris de l'avance, et le défendait. « *La position d'Arié est complexe*, confia-t-il au *Parisien*, *parce que son grand frère est beaucoup plus connu que lui, mais on a de bons rapports heureusement. J'aimerais bien avoir des projets avec lui, mais il est au stade où il est en train de se faire lui-même. Il me dit : "laisse-moi faire mes preuves, et rencontrons-*

1. Laurent Pécha, 21 octobre 2006, Écran large.

nous sur un vrai projet artistique". Quand il va passer des castings, on n'arrête pas de lui parler de moi, de lui dire : "Tu passeras le bonjour à ton frère". Heureusement qu'il a beaucoup d'humour. Chaque fois qu'on me demande si c'est mon frère qui joue dans la pub SFR, je l'appelle pour lui dire qu'il y a des gens qui me parlent de lui[1]. »

Il se réjouissait de remonter sur une vraie scène, et d'éteindre l'incendie, résolu à reprendre sa marche en avant et à effacer l'erreur au plus vite. Cette année s'annonçait particulière pour lui, la célébration de ses vingt ans de carrière. Il ne souhaitait pas la gâcher par des incidents stupides : il suivrait son programme sans faillir, des tribunes les plus prestigieuses à sa terre natale, puis un retour en apothéose à Paris.

Le 16 mars 2014, il monta une marche supplémentaire, à l'opéra Garnier. « *Il n'y a pas de différence entre un artiste de variétés et un humoriste. Gad Elmaleh sera le premier à se produire à Garnier* », annonça le service de presse de l'Opéra qui avait déjà invité les chanteurs George Michael, Liza Minnelli et Charles Aznavour. À peine l'annonce fut-elle publiée que les deux milles places furent vendues. Il s'en expliqua sur RTL : « *Jouer ce spectacle à l'opéra, c'est aussi une manière de rendre hommage à ces grands artistes, faire un clin d'œil et une référence à des ballets, à la danse. Le corps, le geste, c'est quelque chose qui me passionne. À tous les danseurs et danseuses de l'opéra Garnier, pardon si je fais quelques pas de danse, ce n'est que pour rire*[2]. »

Il éprouvait une certaine appréhension née des critiques sur la publicité, mais le public – près de deux mille personnes venues de partout, de province, de banlieues, en jean ou en smoking – lui réserva un accueil triomphal. Il avait amené cinq violonistes, sous

1. 9 avril 2005.
2. Monique Younès, *Laissez-vous tenter*, RTL, 16 février 2014.

les yeux de la comédienne Sandrine Kiberlain, du judoka Teddy Riner, de l'écrivain et politicien Jacques Attali. Mais rien ne lui faisait davantage plaisir que d'apercevoir ses enfants dans la salle. Le producteur Gilbert Coullier et son épouse Nicole se tenaient en face de lui. Il vivait le plus beau moment de son existence, envoya un salut aux « gamins de Casa », imagina un couple de Japonais égarés, qui n'avait trouvé des places que pour cette soirée, persuadé d'entendre un vrai opéra et découvrant avec stupeur un humoriste.

La plupart des critiques continuait malgré tout de l'épargner. Sa situation d'artiste populaire et de prince monégasque semblait le préserver des balles. « Gad Elmaleh, maestro du rire à l'Opéra », titra *Le Parisien*[1]. D'autres ruminaient sa faute, sans vraiment oser s'en prendre à lui : « *Gad Elmaleh serait-il en train de s'embourgeoiser, après sa publicité diversement appréciée sur la Toile*[2] *?* » écrivit *Le Figaro*.

Il poursuivit sa tournée pendant ce magnifique été de juin 2014. Les 17 et 18 juin, il revint au Maroc, à Casablanca, décidé à préserver son lien à la ville et à son enfance, à s'y balader, heureux de prendre du thé, de s'étourdir du bruit strident des mobylettes dans la rue. Il se réjouit de revoir, après cinq ans d'absence, sa grand-mère qui fêtait son centième anniversaire.

Il se produisit dans le complexe Mohamed V où jadis, il nageait, courait avec les amis de son école. La salle immense s'offrait à lui. 5 000 spectateurs la remplirent en quelques heures. Beaucoup de femmes occupaient le premier rang. Des bouquets de fleurs, accompagnés de mots doux, embaumaient la loge de Gad. « Je t'aime. [...] J'espère qu'on va rire », disait une mère de famille venue du centre de la ville, l'un de ces cœurs battants qui

1. 17 mars 2014
2. « Gad Elmaleh fait des entrechats à l'opéra Garnier », Marguerite Kloeckner, 17 février 2014.

s'engouffraient sous le dôme. Le soir tombait doucement. Les embouteillages paralysaient Casablanca. Gad dut patienter avant de monter sur scène, heureux de présenter *Sans Tambour*, de se ressourcer. Son public lui manquait.

« Pourquoi je ne peux pas faire ce genre de blagues à l'Olympia ou à Amiens ? », s'amuse-t-il, mêlant le français et l'arabe. Il saisit une guitare, appela des musiciens, puis Oum, une jeune chanteuse pleine de grâce, connue des Casablancais, surnommée « Soul of Morocco », dont il adorait la voix. Il roucoulait à ses côtés une chanson de Michael Jackson, *The Way You Make Me Feel*.

« *J'adore le cinéma*, dit-il à *La Provence. Mais il ne m'apporte pas la jubilation, la folie, la transpiration, la peur, la douleur. C'est une telle expérience de dingue d'être chaque soir face au public. Rien ne peut remplacer ça, cette remise en question quotidienne. Quand tu es un homme de scène, c'est ta maison. Tu peux entendre les pires critiques, les plus beaux compliments, tu t'en fous. Tout repose sur toi, c'est une grosse pression, mais tu prends tout pour toi. C'est un vrai bonheur chaque soir ! La scène, c'est vraiment ma maison*[1]. »

Il ne s'attardait jamais beaucoup chez lui, confronté à des défis de plus en plus haut. Le 25 juillet 2014, il retourna au Canada pour créer sa « very first performance in English », comme il l'écrivit sur son compte Twitter. *La Gazette de Montréal* consacra un sympathique dithyrambe à « *la star de la comédie française* ».

Il arriva ce matin-là dans la magnifique salle Wilfrid Pelletier, sur la place des Arts. Elle avait une apparence de théâtre italien, avec ses 3 000 fauteuils rouges. Comme il l'avait été à l'opéra Garnier, Gad fut ébloui par les fresques du plafond, les rampes de lumière dorée. Les grands ballets s'y produisaient, l'ample musique de Verdi prenait son envol entre ses façades de glace. Depuis son ouverture en 1966, la salle avait aussi accueilli une

1. « Gad Elmaleh : "La scène, c'est vraiment ma maison" », 26 juin 2013.

légion de comiques, des artistes légendaires comme l'extravagant bouffon Liberace, le mime Marceau, Fernandel, Jerry Seinfeld.

Un Québécois lui avait dit un jour : « Tu sais, tu es le seul Français qui fait bien l'accent québécois ». Gad, souriant, avait répondu : « C'est normal puisque je ne suis pas français ! » Ce soir-là, il attendit dans sa loge, renoua ses lacets, se brossa les dents et ainsi lavé de ses pêchés, traversa les coulisses et entra en scène. Il guetta les rires qui le portaient, lui donnaient des ailes. Vingt ans de carrière ! Il convia à la fête ses anciens personnages, le blond, Coco, Chouchou, les tirant du sommeil dans son musée de cire personnel.

27

L'AMI ET LE MODÈLE

En décembre 2014, il donna vingt représentations au Palais des Sports. Il avait mis en place une superproduction, un show à l'américaine. Pourquoi n'inviterait-il pas des garçons et filles de vingt ans, nés le 10 décembre 1994 ? Il voulait entendre du bruit, de l'enthousiasme, du souffle.

Il ne jouait pas lors des attentats, le 7 janvier 2015, contre *Charlie Hebdo*, où périrent les dessinateurs, Charb, Cabu, Honoré, Tignous et Wolinski. Il se trouvait sur une autre scène, à Monaco, à une réception officielle. Il avait rejoint sa bien-aimée, Charlotte, pour assister à la présentation des jumeaux d'Albert et de Charlène. Gad salua la foule depuis le balcon du salon des Glaces, peu avant midi, à l'heure même de l'attaque contre le journal satirique.

La nouvelle le tétanisa. L'assaut, deux jours plus tard, de l'Hyper Cacher, porte de Vincennes, où furent tués quatre clients juifs, le meurtrit. Dix-sept personnes – policiers, Juifs, dessinateurs – avaient perdu la vie pendant ces folles journées. Gad se posa les mêmes questions que pour le 11 septembre 2001. Les journalistes tentaient de connaître ses sentiments, il les exprima quelques semaines plus tard, pendant le festival du film de comédie à l'Alpe d'Huez qu'il avait accepté de présider. Il ne savait que dire. « Triste, révolté… atterré ! » avait-il twitté, le 7 janvier. La lourdeur de l'atmosphère pesait sur lui, sur son humour. « *Je ne pouvais pas ouvrir le festival, prendre la parole, sans dire au public ce que je ressentais vraiment par rapport à ce qui venait de se passer. Bien sûr qu'on ne va pas tout régler avec le rire. Mais dans cet élan d'unité, de fraternité, il fallait que nous, les humoristes, on continue à faire rire. Il faut que le rire nous rassemble,* commença-t-il sur scène. Puis, après un silence, il ajouta : *Mais nous devons aussi continuer à critiquer la société.* »

La vie reprit. La presse ne le lâchait pas. L'argent continuait de l'empoisonner. Le journal *Le Monde* cita son nom dans le cadre du scandale de SwissLeaks, pour 80 000 euros versés sur un compte en Suisse entre 2006 et 2007. Mais il avait depuis fermé ce dépôt et rapatrié sa petite fortune. Les critiques s'étaient réveillés, se moquant à nouveau de sa publicité pour LCL. « *Je rêve d'une banque.* » Il ne dit rien. L'incendie s'apaiserait de lui-même. Le public continuait de le soutenir, même s'il avait perdu sa couronne de « comique préféré des Français ».

Ces accusations l'ont blessé. Son père David lui a dit : « Fume le cigare si tu veux, mais pas devant tout le monde. » Cette phrase l'a énervé. Pourquoi se cacherait-il ? N'a-t-il pas beaucoup travaillé pour atteindre ce niveau de vie ? « *Je ne vais pas faire le coup du clown triste,* déclara-t-il au *Parisien. Enfant, je sombrais facilement dans une douce mélancolie. Aujourd'hui encore, le bonheur, je ne sais pas ce que c'est. C'est facile de dire : "Lui, il a tout ce qu'il veut, il doit être heureux". C'est plus compliqué*[1]. »

Dans son livre *L'Arabe imaginaire*, Mohamed Bechrouri écrit : « *C'est devant mon petit écran, en lisant les journaux, à l'école publique, dans les librairies ou à la bibliothèque, au cinéma, dans les musées, en écoutant la radio et dans les festivals que je suis devenu un Français non pas multiculturel mais pluriculturel. Ma culture passe par Florence Foresti et Gad Elmaleh, mais aussi par Raymond Devos*

1. « Gad Elmaleh passe aux choses sérieuses », propos recueillis par Lucas Bretonnier, 5 novembre 2012.

et Pierre Desproges, qui a toujours su comprendre et faire rire les Français, alors qu'il a passé une grande partie de son enfance à Luang Prabang, au Laos[1]. » Gad apparaît souvent comme un symbole, une référence mise à toutes les sauces. Il jaillit là où personne ne l'attend, dans un édito de *Libération*, rédigé par Laurent Joffrin à propos de Nicolas Sarkozy : « *L'hyperprésident est devenu l'hypercomédien, le Gad Elmaleh des meeting UMP, le Jamel Debbouze de la droite dure. Le tout au service d'une synthèse qui transcende par la tartarinade*[2]. » Le grand personnage qu'aura incarné Gad Elmaleh est peut-être finalement un nouveau Tartarin de Tarascon, le délirant héros de Daudet, de notre temps.

Il n'a jamais rejeté le rôle que la société voulait lui faire jouer. Il ne manque pas une occasion de remercier la France malgré certaines secousses qu'il a dû gérer, la polémique sur la taxe à 75 % par exemple. « *Je n'ai pas coupé avec mes origines, je n'ai pas de nostalgie*, confia-t-il à François Busnel sur France Inter. *Mon regard est le regard d'un immigré. La France m'a donné beaucoup, beaucoup. Je ne suis ni l'immigré menaçant ni celui qui tend la main*[3]. » Il tente de garder du recul : « *Un jour, j'ai perdu ma carte de séjour. Mon père m'a dit : "Fais opposition tout de suite". Il croyait quoi ? Qu'on allait me voler des jours*[4] *?* »

À la veille de fêter ses vingt ans de carrière, il se rappelait le chemin parcouru, jusqu'à l'intégration et la réussite, depuis sa première demande de carte de séjour pour la France, affirmant son attachement à ce pays. « *Je dis que moi qui suis né au Maroc, si je suis venu en France, c'est pour voir des Français, et que s'ils vont tous à l'étranger, ça pose un problème… Il faut être là, la France m'a ouvert les bras. Je lui dis sans cesse merci*[5]. » Les observateurs

1. Plon, mars 2012.
2. « Hypercomédien », 27 novembre 2014.
3. 8 novembre 2012.
4. Twitter, #immigri, 2 juillet 2012.
5. *Le Parisien*, 25 novembre 2014.

s'interrogent sur son avenir, au cinéma et sur scène. « *C'est un vrai travailleur*, dit l'ancien producteur David Pierre-Bloch qui l'a croisé à ses débuts. *Beaucoup d'artistes ne le sont pas. Il s'est remis en question, il a évolué. Il est dans le top des comiques. Va-t-il continuer comme cela ? Il se situe à un tournant de sa carrière. Il n'a plus le même public, le sien a grandi, même s'il a gardé ses fans de base*[1]. »

Son ancien producteur du Palais des glaces, Jimmy Levy, se montre plus circonspect : « *Dans la foulée de Jamel, cette génération tchatche, où il s'agit de casser quelqu'un par la réplique qui tue, ne raconte rien au fond. Si on s'intéresse moins à la forme, tout ça est très convenu, très bateau. Où est la prise de risque ? C'est totalement inoffensif. Même Gad Elmaleh n'évolue plus que dans son propre répertoire. Les gens vont le voir comme ils allaient voir Claude François. C'est d'autant plus dommage qu'avec un tel crédit, il peut emmener les gens très loin*[2]. »

Gad les a emmenés déjà assez loin, depuis 1994. « *J'avais vingt ans et je ne laisserai personne dire que c'est le plus bel âge de la vie*, a écrit le romancier Paul Nizan dans *Aden Arabie. Tout menace de ruine un jeune homme : l'amour, les idées, la perte de sa famille, l'entrée parmi les grandes personnes*[3]. » La ruine, la perte de l'amour, des idées, de la famille, ont menacé un Gad Elmaleh inquiet, rongé par l'angoisse, dominant un univers de plaisir où, pourtant, affirme Jimmy Levy, « *il faut constamment se battre, comme partout ailleurs. Que le milieu du catch ou du mannequinat soit ultracompétitif, que bosser dans la métallurgie ou le Djing*[4] *soit inhospitalier, admettons. Mais que le microcosme de la rigolade soit une industrie particulièrement perfide, le décalage fout les jetons. À*

1. Entretien téléphonique avec l'auteur.
2. « La créativité est du côté des filles », Bruno Icher, *Libération*, 19 avril 2008.
3. Rieder, 1931.
4. Disc-jockey.

moins qu'on considère le rire comme un ressort obligatoirement cruel[1]. »

D'autres jeunes princes du rire poussent derrière lui, vivant plus ou moins bien la concurrence, comme l'avoue Kev Adams : « *Il y a un climat de tensions et de concurrence assez malsain. Même les anciens, comme Franck Dubosc ou Gad Elmaleh vous le disent. Aujourd'hui, l'humour est devenu la nouvelle chanson française. Les gens vont davantage voir des spectacles que des concerts. Alors c'est le jeu de qui va écraser qui*[2]. »

Gad ne semble pas prêt à rendre son sceptre, même s'il a, tout au long de son parcours, soutenu de potentiels rivaux, invitant et parrainant de jeunes comiques issus de sa culture (parce qu'ils ont davantage besoin de son aide). Aujourd'hui, il aime particulièrement Malik Bentalha, Algéro-marocain de dix-huit ans son cadet, dont l'arrivée dans le paysage de l'humour a été pour le moins spectaculaire. « *La première fois que j'ai entendu parler de Gad, j'étais en CM1*, raconte l'auteur de *Malik Bentalha se la raconte. J'avais neuf, dix ans. Mon père, soudeur, adorait Pierre Desproges, Les Inconnus. Il écoutait Rires et Chansons dans la voiture. Il avait rapporté à la maison une cassette VHS du spectacle de Gad,* Décalages. *Je n'arrêtais pas de la passer. J'ai pris une grosse claque. Je connaissais tous les dialogues par cœur, et après, à l'école, je m'amusais à reproduire certains des sketches de l'œuvre. Je les jouais devant mes camarades de classe et cela me permettait de me faire remarquer. Enfin un comique racontait notre décalage culturel ! Ma mère est Marocaine, et je comprenais bien le sens de son univers*[3]. » Il apprécia son aisance à bouger, à chanter, cette faculté d'interpréter des personnages sans déguisements ni perruques. Malik vivait à

1. « Comiques : fini la rigolade ! », *Technikart*, *Op.cit.*
2. « Kev Adams : "entre les humoristes, il y a une concurrence malsaine" », *Télé 7 Jours*, 19 décembre 2014.
3. Interview avec l'auteur.

Laudun-l'Ardoise, dans le Gard, bien loin de la grande ville et du show-business parisien. Un désir de spectacle le saisit. « *J'ai eu envie de monter sur scène. J'ignorais que cette activité était un métier. Je croyais que Gad avait une vraie profession, qu'il était barbier ou pompier. J'ai eu conscience très tard que l'on pouvait vivre de l'humour.* »

La suite appartient à une drôle de légende. Malik se promenait à Montmartre quand il y croisa son idole Gad. Il n'hésita pas à l'aborder et lui dire son admiration. « Tu habites ici ? » demanda l'auteur de *Décalages*. Malik répondit : « Non, mais ça fait classe de se promener à Montmartre ! » La répartie amusa Gad qui posa une autre question : « Et demain, tu es occupé ? » Le jeune émule haussa les épaules : « Euh… je retournerai sans doute à Montmartre… » Gad poursuivit : « Si tu n'as rien à faire demain, ça te dirait d'assurer ma première partie au Palais des sports ? » Malik n'en revenait pas. « *Il ne savait rien de rien sur moi. Vous pouvez lui demander…* » Il laissa son numéro, persuadé que Gad ne l'appellerait pas, mais le lendemain, le téléphone sonna.

Malik n'avait écrit que trois, quatre minutes, et se mit au travail. Il avait moins de vingt-quatre heures. « *J'ai eu vraiment peur. 45 000 personnes ! Mais qu'avais-je à perdre ? Je ne pouvais pas redescendre, j'étais déjà en bas. Je me suis dit : tu joues devant des gens depuis que tu as neuf ans. Alors vas-y ! Bon, les salles où je m'étais produit étaient des garages, des cafés, des Kebabs. Gad a pris un gros risque, mais il m'a mis à l'aise. Il n'est pas tout seul. Sa famille m'entourait.* » Il bénéficia de la protection du père, David, de la sœur, Judith. « *Ils ont vu que je doutais, que je n'étais pas bien, et ils m'ont donné la force. Recevoir la légitimité du clan fait pousser les ailes.* » L'idole ne l'avait pas pris de haut. Malik a gardé en mémoire cette maxime : « *Ne jamais prendre les gens de haut quand on monte parce que l'on pourrait les croiser en redescendant.* » Malik pense que l'intérêt de Gad pour la jeune génération de comiques lui a permis de rester dans l'air du temps après ses vingt années de carrière. L'auteur de *Papa est en haut* se plaît à écouter la nouvelle vague, n'hésite pas à l'aider, à échanger avec elle. « *Gad est l'un des rares mecs avec qui on a envie de devenir ami. Après avoir vu un spectacle de lui, j'avais envie de prendre un verre avec lui. Ce n'est pas le cas de tout le monde.* »

Grâce à Gad, Malik Bentalha s'est fait « druckeriser », voie royale vers la notoriété et la reconnaissance. Il a étudié lui aussi au cours Florent, où il s'est inscrit « *pour rassurer ses parents* », inspiré par le parcours classique et moderne de son modèle. Il a travaillé aussi au Point-Virgule, où Gad avait connu Élie Kakou. « *Nous avons tant de similitudes : lui vient du fin fond du Maroc, moi du fin fond de la France. Il est monté à Paris pour tenter sa chance, moi aussi.* »

Gad a invité Malik à Casablanca, toujours en première partie, dans un stade. « *Il me présente ses amis, on déjeune ensemble. Nous n'avons jamais assez de temps.* »

Le cadet appelle souvent son aîné. Il profite largement de sa présence pendant ses moments de doute. Ils écrivent ensemble, le débutant teste ses vannes sur l'artiste confirmé.

Gad continue de rameuter auprès de lui la génération en devenir. Il a demandé à Malik s'il connaissait de jeunes artistes. C'est ainsi que son partenaire lui présenta un autre espoir, Tony Saint-Laurent. Le courant passa si bien que Gad proposa à ce dernier d'assurer sa première partie à l'Olympia, l'entraîna au festival Marrakech du rire et jusque dans la publicité LCL.

Parmi les héritiers, figure aussi Baptiste Lecaplain. À vingt ans, il jouait des sketches de Gad qui pour sa part ne perd pas une occasion de faire son panégyrique, le qualifiant de « *meilleur de sa génération, au tempo comique inné* ». « *J'ai été littéralement scotché !* s'étonnera Baptiste. *Il était venu me voir au Temple mais je ne m'attendais pas à ce qu'il dise cela en public. J'ai été évidemment touché parce qu'il fait partie des humoristes dont je reprenais les sketches,* La Cigarette *et* Le Blond. *C'est un hommage extraordinaire. Ça attire le regard et l'attention sur moi et ça met aussi une certaine pression. Je ne considère pas être arrivé. Loin de là ! Et je dois garder à l'esprit que Gad a encensé un spectacle. Maintenant, il me reste à faire une carrière*[1]. » Cet adoubement lui a cependant donné une impulsion décisive.

Le one-man-show tel que l'a institué l'auteur de *Décalages* suscite désormais un désir bien partagé, même chez les non-comiques comme l'acteur du *Grand Bleu*, Jean Reno. « *J'aimerais bien… Je ne souhaite pas faire un one-man-show parce que je ne m'appelle pas Gad Elmaleh. Mais j'aimerais bien lire un récit, raconter une histoire avec un tout petit peu de musique. Une sorte de promenade*[2] », déclara-t-il dans *Terraféminа*.

Évidemment, la véritable école reste le Jamel Comedy Club, créé par l'ami et frère. Presque tous ces espoirs de la comédie y ont débuté, alors que Gad demeure un parrain, un conseiller solitaire.

Arrêtera-t-il un jour, faute d'idées ou d'envie ? Il ne fera jamais d'adieu. Comment un comique s'adonnerait-il à ce genre de cérémonial pesant ? Il partira d'un coup, sans le dire ni saluer son public.

Il doit apporter des rectifications en permanence. Les spectateurs ont vu ses DVD et n'ignorent plus rien de ses recettes. Il ne peut plus dire, « Bryan is ?… » Il sait que les spectateurs finiront sa phrase « … in the kitchen », sabotant son effet. Il a changé le prénom Bryan.

1. « Il ne faut pas s'la raconter quand ça marche… », Isabelle Althnard, Le blog *Femme qui rit*, juillet 2013.
2. « Jean Reno : je ne m'appelle pas Gad Elmaleh », Julie Legendard, 19 janvier 2015.

La vie reprend. Il doit retrouver de la légèreté et du mordant dans cette France angoissée.

« *Nous devons continuer à critiquer la société* », a-t -il dit après les attentats du 7 janvier.

TABLE DES MATIÈRES

Cet ouvrage a été mis en page par IGS-CP
à L'Isle-d'Espagnac (16)

Imprimé en France par CPI
en avril 2015

Dépôt légal : mai 2015
N° d'impression : 128380